Z세대,

우리에게 도착하다

추 천 사

오늘 우리는 전환적 위기의 시대를 살아가고 있습니다. 코로나 팬데믹 이후 가속화된 '뉴노멀 시대'의 급격한 사회변동 속에서 학교와 기업뿐만 아니라 종교기관 등을 망라한 다양한 사회조직에서는 근본적인 경영철학과 조직 문화변혁에 대한 필요성을 절감하고 있습니다. 이러한 상황에서 우리가 주목하는 사회문화변동의 주제는 이른바 'MZ 세대론'으로 대표되는 세대간의 차이와 갈등과 소통입니다. 특별히 기성 세대들에 비하여 가장 두드러진 차이점을 드러낸다고 평가되는 Z세대에 대한 적확한 이해는 우선적 주제입니다.

이 책의 차별성은 "Z세대에 의한, Z세대를 위한, Z세대의 연구"를 지향하고 제시하는 연구 방법론에 있습니다. 이러한 연구를 통하여 "Z세대는 외계인이 아니라 미래에서 현재로 온, 충분한 가능성을 지닌 동료"라는 사실을 확인해 준 것은 의미있는 결과입니다.

이 책을 접하게 되는 독자들은 Z세대를 포함한 다양한 세대들 사이의 소통과 이해를 통한 함께함의 희망을, 가정, 학교와 기업과 다양한 조직에서 구체적으로 이루어 갈 수 있는 길을 찾게 될 것입니다. 베이비부머와 X세대에서 밀레니얼 세대와 Z세대로 전환되는 시점에서 불필요한 오해와 갈등을 넘어 건설적 이해와 통합을 향한 구체적 응답을 발견할 수 있을 것입니다.

우리 사회의 세대 소통과 통합을 위하여 주요한 구성원으로 부상하는 Z세대를 이해하고, 그들과 함께 하고 싶은 이들에게 "우리는 함께 새로운 변화를 만들 수 있다"는 희망의 메시지를 제시한다는 점에서 이 책을 우리 시대의 필독서로 여러분들의 일독과 숙독을 권하는 바입니다.

임성빈 (장신대 전 총장, 한국기독교학회장)

이 책의 가장 큰 미덕은 현장의 목소리를 생생하게 전달해 주고 있어서 쉽고 재미있게 읽힌다는 점이다. 마치 Z세대와 대화를 나누면서 그들의 목소리를 대면해서 듣고 있는 느낌을 준다. 또 다른 미덕은 이해에 그치지 않고 어떻게 할 것인가의 가이드라인이 정리되어 있어 실무에 적용할 수 있는 유용성이 크다는 점이다. 한국은 발전의 속도가 너무 빠르다 보니 세대 간 경험과 가치관의 차이가 커서 심각한 소통의 문제를 겪고 있다. 이 책은 Z세대가 우주에서 온 외계인처럼 느껴질 때도 있지만 마음을 열고 다가가면 함께 가야할 파트너이며 이웃이라는 것을 알게 한다. 조직 내에서 Z세대와 일하는 사람들에게는 소통과 팀빌딩에, Z세대 자신이 읽으면 자기 성찰에 큰 도움이 되리라 생각한다. Z세대 자녀를 둔 부모들도 읽으면 이해와 소통에 큰 힘이 될 것이다. 이 책은 좋은 회사, 좋은 팀, 좋은 가정을 만들고자 하는 이 시대 리더와 부모의 바램에 도움이 될 것을 확신한다.

한정화 (한양대 명예교수, 전 중소기업청장)

이 책은 미래의 리더들로서 부상하고 있는 Z세대에 대한 이해를 넘어, 그들과 함께 미래를 디자인하고 싶은 모든 이에게 희망의 메시지를 전하고 있습니다. 또한 빠른 발전으로 세대 간의 차이가 커지고 있는 우리 사회에서, 이 책은 Z세대와의 소통에서부터 조직문화 혁신까지 폭넓은 측면에서 독자들에게 혁신적인 시야를 제시합니다.

현대사회에서 포용과 사랑을 실천하는데 기여할 크리스천들의 필독서로 추천하며, 특히 다양성과 차이를 통해 창조와 창의의 원천을 찾아가고 있는 다양한 기업과 조직에는 새로운 해결의 실마리를 제공할 것입니다.

"Z세대, 우리에게 도착하다"는 세대 간이 연결괴 소통을 위한 필수 가이드로 자리매김할 것입니다. 불필요한 갈등과 오해를 뛰어넘어 구체적인 응답을 제시하며, Z세대와의 통합을 위한 해결 가이드로서 이 책을 현대사회의 필독서로 추천합니다.

이병구 (네패스 대표이사, 기독경영연구원 이사장)

AI에게 면접을 봐야 하는 첫 번째 세대- Gen Z! AI가 학습한 평균적 범주를 벗어나지 않아야 하는 숙명과 함께, 평균에서 벗어난 아웃라이어의 범주의 가능성도 증명해야 하는 '딜레마' 줄타기를 통해 성장하는 이들. 70명이 넘는 회사에서 Gen Z 비율이 과반수를 넘어섰기에 이 책은 내게 회사의 미래를 위한 경영전략서와 같았다. '이걸요?' '제가요?' '왜요?'라는 Gen Z의 외침은 한편으로는 당돌하지만, 사실은 세계적 경영사상가 사이먼 시넥이 주창한 골든서클(Golden Circle)의 왜(Why)-어떻게(How)-무엇(What)을 말한다는 것을 이 책을 통해서 깨닫는다. 모든 지속가능한 위대한 조직의 비결을 뜻하는 '골든서클'을 그 어느 세대보다도 내재화하고 외재화하는 Gen Z와의 밀접한 동행을 한다면, 모든 조직은 그 어느 때보다도 더 지속가능하고 위대해질 수 있다고 믿는다.

김정태 (사회혁신가, 엠와이소셜컴퍼니(MYSC) 대표이사)

우리는 Z세대를 이방인 같은 낯선 출현이라고 생각할지도 모르지만, 그들은 '사막'같은 사회에 던져진 존재, 현존재(Dasein)일 수도 있겠다. 그리고 우리는 있는 그 자체로의 존재자가 아닌 우리가 사회적으로 구성한 그들을 이해하고 있을지도 모른다. 이 책은 있는 그대로의 그들을 이해하려고 그들에게서 들려진 연구내용을 담고 있다. 그들과의 차이로 세대간 구별은 되나 결코 분리되어서는 안되는, '나 여기 있소!'하고 자신들을 드러내는 그들은, 더불어 좋은 삶을 누려야 하는 우리 공동체의 일원됨을 발견하게 된다. 이런 점에서 이 책은 읽는 자에게 의미를 준다. 공감이 된다. 그리고 잘 읽힌다.

배종석 (고려대학교 경영대학 교수)

X세대인 나에게, Z세대는 친숙한 동시에 낯선 존재다. 지난 몇 년간 회사에서 20대 동료들과 함께 일했고, 현재는 교수로 대학생을 거의 매일 만나고 있지만 여전히 그들의 삶을 안다고 말하기 어렵다. 일터와 학교에서 내가 볼 수 있는 그들의 모습은 일부에 지나지 않기 때문이다.

그런 의미에서 〈Z세대, 우리에게 도착하다〉는 고마운 책이다. 우리가 일부밖에 보기 어려운 Z세대 친구들의 속마음, 그들의 성장 배경과 경험을 세밀하게 들려주기 때문이다. 이 책을 읽으면서 내가 만난 여러 Z세대 친구들이 떠올랐다. 왜 그들이 외로워도 도움을 요청하기 어려워했는지, 일터에서 어떤 것들을 기대했는지, 왜 평가에 예민해지기 쉬웠는지 조금 더 이해할 수 있었다.

이 책을 통해 Z세대들이 직접 들려주는 이야기들에 귀기울여 보길 권한다. 경청은 낯선 대상에 대한 내 안의 편견과 이별하는 방법이며, 진짜 관계를 여는 시작이니까 말이다.

서현선 (한양대컬렉티브임팩트센터 부센터장)

세대론을 별로 좋아하지 않습니다. 세대문제를 깊이 있게 다루었던 카를 만하임을 인용하지 않더라도 편리하고 선명한 잣대로 구별짓고 나누는 것은 넘을 수 없는 선을 긋는 일입니다. 세대문제의 핵심은 다양성과 차이를 발견하는 것입니다. 차이는 차별과 배제의 원인이 아니고 창조와 창의의 원천이기 때문입니다. 이번 연구는 다양성과 차이를 발견한 멋진 연구입니다. 그리고 포용과 사랑을 실천할 크리스찬들의 실천 가이드입니다.

방대욱 (다음세대재단 대표이사)

추천사

STORY 1

외계인 Z세대 우리에게 도착하다

STORY 2

외계인 Z세대와 대화하다

STORY 3

외계인 Z세대의 진짜 정체를 알게 되다

STORY 4

Z세대와 함께 미래로 나아가다

SUGGESTION

STORY
1

외계인 Z세대 우리에게 도착하다

The arrival of Gen Z
외계인 Z세대, 조직에 도래하다

영화 <컨택트>의 한 장면. 출처 파라마운트

Z세대, 내겐 너무 낯선 당신

어느 날, 누가 봐도 외계에서 온 것 같은 낯선 비행 물체들이 세계 각지에 나타나 자리를 잡기 시작했다. 450m라는 압도적인 크기, 의도와 정체를 알 수 없는 모호함에 인류는 공포를 느끼고 비상사태를 선포한다.

'이들은 도대체 누구인가? 우리에게 무엇을 원하는가? 이들과 어떻게 소통해야 하는가?' 혼란스럽고 두렵지만, 이 질문에 답을 찾기 위해선 그들과 접촉하는 수 밖에 없다. 이 이야기는 드니 빌뇌브 감독의 영화 ≪컨택트≫의 줄거리이다. Z세대 연구 보고서인데 웬 외계인이냐고? 어느 날 갑자기 회사에 Z세대 신입 직원 동료가 들어오던 날, 내가 마주한 감정이 낯선 비행 물체를 보고 당황하던 영화 속 사람들의 모습과 꽤 닮았기 때문이다.

나는 88년생으로 이제는 8년 차 팀장이지만, 사회초년생 시절 한창 '요즘 애들'로 욕을 먹던 밀레니얼 세대이다. 밀레니얼이면 MZ세대로 묶일 수 있으니 Z세대랑 다를 것도 없지 않냐고 생각할 수 있지만, 분홍색과 보라색이 같은 계열이지만 동일한 색으로 볼 수 없는 것처럼 우리는 닮았지만 엄연히 다르다.

어쨌든 직장인보다는 학생이라는 호칭이 더 잘 어울리는 앳된 얼굴의 그들이 나의 익숙한 풍경 속에 새로운 등장 인물이 된 그날, 나는 미묘한 감정을 느꼈다. 이들의 등장을 기뻐해야 할 지, 두려워해야 할 지를 알지 못하는 것에서 오는 어떤 불편함이 있었다.

Z세대, 도래하다

영화 속 사람들이 비상사태를 선포한 것만큼 유난스러운 공포는 아니지만, 기존의 관습이 주는 익숙함이 평화라고 생각한 채 일상을 이어오던 기존 구성원들에게 Z세대는 어느 날 갑자기 출현한 미확인 비행물체처럼 신기하면서도 두려운 존재인 것은 사실이다. 대상이 Z세대여서가 아니라, 사람은 원래 낯선 것과 변화를 두려워하니까. 생존에 의한 본능으로 무언가 우리와는 다르다는 것을 직감적으로 느끼지만, 그것이 정확하게 무엇인지 모르겠기에 느끼는 두려움이랄까.

이 영화의 원제는 ≪Arrival≫로 도착, 도래라는 뜻이다. 이 단어만큼 사회에 유입되고 있는 Z세대의 모습을 잘 설명할 수 있는 단어가 또 있을까? Z세대는 사회라고 불리는 우리들의 그럭저럭 안온했던 세계에 이미 도착했다.

"Z세대 이들은 도대체 누구인가?"
"나와 우리 조직에게 무엇을 원하는가?"
"Z세대와는 어떻게 소통해야 하는가?"

우리의 현재에 실체적으로 도래했다. 앞선 질문을 하고 있는 사람이라면 Z세대의 도래가, 이들과의 만남이 사실 우리에게 어떤 과제를 던지는지 알고 있을 것이다.

혹시 앞에 놓여 있는 질문이 자신과는 상관없다고 생각하는가? 충분히 그럴 수 있다.

Z세대에 대한 연구를 시작하기 전 나도 그랬으니까.

Z세대, 가장 먼저 도착한 미래

미래는 언제나 그랬던 것처럼 불확실성으로 가득 차있으며, 한 치 앞도 예측 불가능할 것이다. 그 속에서 한 가지 확실한 시나리오는 시간은 우리의 의지나 바람과 상관없이 계속해서 다음 세대를 이 사회 속으로 데려다 놓을 것이라는 사실이다.

Z세대는 앞으로 우리가 사회구성원으로 만나게 될 세대 중 가장 먼저 도착한 세대다. 가장 먼저 도착한 미래라는 뜻이다. 이 낯설고 불편한 대상을 제대로 이해할수록 우리는 미래에 대한 단서를 얻을 수 있을 것이다.

낯선 것을 나쁘다고 생각하는 것, 불편한 것을 불필요하다고 생각하는 것처럼 어리석은 것은 없다. 가능성은 언제나 낯설고 불편한 쪽에 숨어 있으니까.

기꺼이 그 모험을 감수하는 자만이 알아보고 쟁취할 수 있도록. Z세대라는 가까운 미래도 이해하지 못한 채, 먼 미래가 괜찮으리라는 상상은 요행이지 않을까. 결국 이 시대는 Z세대의 도래를 통해 우리에게 하나의 시험지를 내밀고 있는 것이다.

"당신은 미래를 감당할 수 있는가?"

Briefing of Gen Z research report
외계인 Z세대를 탐구하다

우리가 Z세대를 탐구하기로 결심한 이유

다음 세대의 출현은 어느 시대나 새롭고 낯설다 (때로 충격적이기까지 하다). 오늘날 우리 사회를 이끄는 기성세대도 한때는 '요즘 애들'이었다. 기성세대도 '라떼는' 이전 세대가 도무지 이해할 수 없다고 혀를 내두르던 외계인 같은 존재들이었을지 모른다.

Z세대의 출현 역시 경제, 사회, 문화, 정치 등 분야를 뛰어넘는 핫 이슈가 되었다. Z세대 트렌드 리포트는 하루가 멀다고 쏟아져 나오고, Z세대 직장인의 모습을 소재로 다루는 동영상 콘텐츠도 넘쳐난다. 그런데 정작 기업들은 Z세대 구성원들의 '조용한 사직quiet quitting'과 '3요 주의보(이걸요? 제가요? 왜요?)'에 어떻게 대응해야 할지 모르겠다고 답답함을 호소한다. 그도 그럴 것이 Z세대 콘텐츠는 대체로 소비나 행동, 유행 등 눈에 보이는 측면만 주목하기 때문이다.

혹은 10대부터 40대까지 굉장히 넓은 스펙트럼의 사람들을 'MZ세대'라는 이름으로 묶어 성급하게 일반화하고 있기 때문일지도 모른다.

Z세대는 누구일까? 그들의 진짜 모습, 진짜 속마음은 무엇일까? 트렌드 리포트에 나오는 Z세대 말고 내 옆에서 일하는 동료 Z세대

의 이야기에 우리는 얼마나 귀 기울이고 있나? 그들의 경험과 맥락, 고민과 불안, 일상과 관계, 바램과 가능성 등 Z세대에 대한 통합적인 이해와 관심은 여전히 부족하다. 이제는 보이는 모습 그 이면의 이야기를 제대로 들어봐야 하지 않을까? 그들과 함께하고 있다면, 또 함께하고 싶다면 말이다. Z세대와 함께 더 잘 일하고, 더 잘 지내기 위해서, 우리는 어떤 관점을 가지고 이들을 바라봐야 할까, 어떤 태도로 어떤 노력을 기울여야 할까? 우리의 Z세대 탐구는 바로 이 질문에서 시작되었다.

1995년 이후 태어난 Z세대는 현재 사회 초년생이거나 아직 학생이지만 10년 이내에 전체 노동력의 3분의 1을 차지하게 될 예정이다 ≪Mccrindle Research, 2023≫.

인구 구조의 변화, 4차 산업 기술의 발전, 코로나19 팬데믹, 기후 위기 등 급격한 사회 변화에 따라 최근 글로벌 기업들로부터 시작되어 국내 기업들까지 ESG 경영이나 DEIDiversity, Equity and Inclusion; 다양성, 형평성, 포용성 등 경영 철학과 조직 문화 개선에 많은 관심을 기울이고 있다. 특히, DEI는 개개인의 삶과 가치를 중요시하고 일터를 다양한 삶의 경험을 통해 성장하는 곳으로 생각하는 Z세대에게 더욱 중요한 조직 문화 요소로 여겨지며, 거버넌스 측면에서도 중요한 키워드가 될 것이다.

특히, DEI는 개개인의 삶과 가치를 중요시하고 일터를 다양한 삶의 경험을 통해 성장하는 곳으로 생각하는 Z세대에게 더욱 중요한 조직 문화 요소로 여겨지며, 거버넌스 측면에서도 중요한 키워드가 될 것이다.

사회 전반의 주요 인력층 및 소비자층이 베이비부머 세대와 X세대에서, 밀레니얼 세대와 Z세대로 전환되고 있다. 앞으로의 기업 경영, 미래 사회로의 변화에서 핵심적인 역할을 하게 될 다음 세대를 면밀하게 관찰하고 이해하면서 그들의 맥락과 문법에 맞게 조직 문화를 재구성하는 것은 점점 더 중요해지고 있다. 결국, 다음 시대를 준비하기 위해서는 다음 세대를 이해해야 한다. 나아가 다음 세대를 이해하는 것보다 더 중요한 것은 변화를 맞이하는 우리의 태도이다.

Z세대를 탐구한 방식

본격적인 Z세대 탐구를 시작하기에 앞서, 당사자인 Z세대와 밀레니얼 세대, X세대가 함께하는 코크리에이션Co-Creation[1]의 구조로 연구팀을 구성했다.

Z세대가 탐구의 주체가 되어 전 과정을 주도하고 적극적으로 의견을 낼 수 있도록 하되, Z세대의 의견을 조직 안팎의 맥락에서 통합

----

[1] 코크리에이션Co-Creation은 사용자 경험 디자인 방법론의 하나로, 디자인 프로세스에 이해관계자가 직접 참여하여 문제를 정의하고 솔루션을 도출하는 과정을 의미합니다.

적으로 읽어줄 수 있는 다른 세대의 의견도 균형적으로 듣기 위함이다. 실제로 Z세대 탐구의 결과를 가장 궁금해할 이들은 Z세대와 함께하는 다른 세대일 테니까. 그리고 조직 내에서 Z세대와 가장 가까이서 일하는 선배 세대인 밀레니얼 세대와 Z세대의 부모 세대로서 그들의 성장 경험과 맥락을 읽어줄 수 있는 X세대를 연구팀으로 구성함으로써 Z세대를 더욱 넓고 깊게, 또렷하게 보고자 노력했다.

이번 탐구의 궁극적인 목적은 세대 구분 짓기가 아닌 세대 간 통합과 연결 등 세대 결속적 경험이기 때문이다. Z세대와 마주할 때 두려움의 감정이 올라온다는 X세대 리더와 점심시간만큼은 (평가받지 않고) 혼자 있고 싶다며 회식을 거부하는 Z세대가 서로의 감정을 온전히 이해하고 나누며 함께할 수 있는 순간을 기대하기 때문이다.

그럼에도 불구하고 이번 탐구는 Z세대에 의한, Z세대를 위한, Z세대의 연구이기 때문에 당사자의 관점과 의견이 여정 내내 우리의 나침반이 되었다. Z세대 당사자 연구진 중 한 명인 Y님이 시작할 때 들려주었던 이야기가 탐구하는 내내 마음에 남았던 것은 바로 그런 이유 때문일 것이다.

"이 연구는 저에 대해 알아가는 연구라 더 몰입할 수 있었어요. 저에 대해 알게 되는 연구라 이 연구가 실제로 어떻게 쓰일 수 있을지도 궁금해요. 연구가 어떤 것을 명확하게 해결해 줄 수 있을지 아직은 잘 모르겠지만, 많은 문제를 해결할 시작점이 되기를 바라요."

약 7개월간의 탐구 여정 동안 우리는 10명의 Z세대와 7명의 밀레니얼 세대, 4명의 X세대를 만나 포커스 그룹 인터뷰Focus Group Interview를 진행했다. 또한, 101명의 Z세대를 온라인 질적 서베이Online Qualitative Survey[2]로 만났다. 질적 연구 방법으로 진행된 이번 탐구 과정은 형식적인 인터뷰와 설문조사라기보다 자기 자신과 다른 세대에 대해 더 잘 이해하게 되는 대화의 장이었고, 그만큼 깊은 이야기들이 나누어졌다. 온라인 질적 서베이에 참여한 Z세대들로부터 '아무에게도 말 못 할 상담을 한 느낌이었다', '나에 대해 더 잘 알게 된 시간이었다'는 소감을 들으면서, 이들에게 안전한 대화의 창구가 많지 않다는 것을 알 수 있었던 반면, 이번 탐구 과정 자체가 '인식과 이해'의 경험을 제공했다는 것을 확신할 수 있었다.

"친구랑 대화하는 것 같아서 마음이 편해진다. 여러 질문을 받다 보니 나의 가치관 등에 대해 생각해 보게 되어서 좋았다. 특히 지금의 나를 만든 것에 대한 질문을 받고는 되게 오래, 여러 생각을 하게 됐던 것 같다! 나 스스로에 대해 생각해 볼 기회가 많이 없었는데 이야기 나눠서 좋다."

----

[2] 온라인 질적 서베이Online Qualitative Survey는 일방향적인 온라인 설문조사가 아닌 가상의 Z세대 연구원 '제제'와 채팅창과 같은 모바일 혹은 PC 화면에서 쌍방향적인 대화를 나누는 방식으로 진행되는, 반응형의 온라인 개별 심층 인터뷰 형태의 조사방식을 의미합니다. 인스타그램과 페이스북, 대학생 온라인 커뮤니티 등 SNS를 통해 배포되어 비무선 표집 non-random sampling 방식으로 데이터를 수집하였으며, 성별과 지역 등 표본 집단의 특성이 다소 편향되는 한계가 있었음을 미리 밝혀둡니다.

"아무에게도 말 못 할 상담을 한 느낌이었다. 간단하게 생각하고 들어왔는데 생각보다 깊은 질문들을 받게 돼서 많은 생각을 하게 되었다."

"가까운 사람들하고도 잘 나누지 않는 이야기를 나눌 수 있어서 좋았고, 내 생각을 글로 정리하다 보니 뭐랄까, 참여하면서 내 가치관이 더 뚜렷해진 느낌이랄까? 너무 좋았다!"

"스스로를 돌아봐야 하고, 경험을 짚어봐야 하는 시간이다 보니 오래 걸리기도 하고, 목구멍에서 턱턱 막히는 말들도 있었다. 그래도 정리될 필요가 있어서 하고 나니 뿌듯하다!"

우리의 탐구는 Z세대 중에서도 사회초년생인 초기 Z세대(1995년생~2004년생; 20대)를 중심으로 일터에서의 경험과 관계 맺기에 대한 내용들 위주로 진행되었다.

과정에서 얻은 인사이트를 다음 과정에 반영하며 점진적, 순환적으로 연구를 발전시켜 나가는 참여 실행 연구Participatory Action Research: PAR 방식으로 진행함으로써, 정해진 결론을 향해 달려가기보다 현장의 목소리가 최대한 반영되도록 진행했다. Z세대는 어떤 맥락에서 성장해 왔고, 그 맥락은 이들의 선택이나 결정에 어떤 영향을 미쳤는지, 그리하여 이들이 관계 맺는 방식, 직장을 선택하는 기준과 일하는 방식은 무엇이 다른지, 나아가 이들은 어떤 가능성을 가지고 조직과 사회에 기여할 수 있는 존재들인지 밝혀나갔다.

특히, 강점 탐구이론Appreciative Inquiry Approach : AIA에 기반하여 이들이 지닌 가능성과 강점에 주목해 그들이 만들어 갈 미래를 살펴보았다. 탐구를 통해 밝혀낸 Z세대가 처한 개인적, 사회적 환경은 '사막' 같았으나, 이들의 강점과 가능성에 기반하여 만들어 갈 '우주'로서의 미래가 기대되는 이유다.

우리가 바라는 이 연구의 파장

이번 탐구로 가장 큰 수혜를 입은 그룹은 우리 연구팀이다. Z세대와 밀레니얼 세대, X세대로 이루어진 우리 팀은 탐구 과정 내내 'Z세대와 함께하는 백만 가지 방법'을 실험할 수 있었다. 시행착오와 좌충우돌이 난무하는 쉽지 않은 과정이었지만, 연구를 마무리하는 지금 'Z세대는 외계인이 아니라 미래에서 현재로 온, 충분한 가능성을 지닌 동료'라는 점을 확실히 알게 되었다.

우리는 Z세대와의 깊은 대화를 통해 발견하고 읽어낸 주요 인사이트를 공유함으로써, 일터의 다음 세대인 Z세대의 성장 배경과 조직 경험, 타고난 감각과 속마음, 한계와 딜레마, 회사 선택 기준과 기대하는 조직문화, 그들이 가진 가능성 등을 바로 알고자 했다.

특히, Z세대에 대한 오해를 이해로 풀고, 어떻게 하면 기성세대가 이들과 소통하며 한 팀이 될 수 있는지, 나아가 이들이 지닌 가능성을 널리 알리고 싶었다. 동시에 나만 혼자 외로운 싸움을 하는 것 같아 불안해하는 Z세대 혹은 Z세대와 함께하고 싶지만, 그 방법을 알 수 없어서 고민 중인 누군가에게, '당신은 혼자가 아니고, 우리는 함께 새로운 변화를 만들 수 있다'라는 메시지를 던지고자 한다.

Z세대가 들려주는 학교와 조직, 사회에 대한 고민과 기대를 통해 우리는 미래 사회 변화를 예측하고 또한 함께 준비할 수 있을 것이다.

'Z세대는 외계인이 아니라 미래에서 현재로 온 동료'라는 데 주목하는 우리의 탐구는 이 보고서로 끝나지 않을 것이다. 이 연구는 변화하는 세대에 대한 다가올 연구의 출발점이 될 것이며, 여기 담긴 내용들을 가지고 다양한 조직에 있는 여러분이 더 적극적으로 토론하면서 여러분만의 새로운 변화 이야기들을 만들어 나가길 바란다.

마지막으로, 이제부터 시작되는 Z세대의 이야기를 읽어 내려갈 여러분에게, 쉽고 빠른 결론, 혹은 무지개 같은 결론을 기대하기보다 미지의 세계를 뚜벅뚜벅 걸어가 보겠다는 마음으로 이들과의 만남을 기대해 보시라고 당부하고 싶다.

외계인 Z세대 탐구 과정
한 눈에 보기

2022.07

연구를 시작하며

Z세대에 대해, Z세대 본인의 생각에 대해 Z, M, X세대 연구진 모두가 자유롭게 자신의 경험이나 생각을 나누었다. 모든 가능성을 열어두고 Z세대 연구에 접근했다. 그리곤 앞으로 만날 Z세대에게 듣고 싶은 이야기들이 무엇인지, 핵심 질문이 무엇인지 차근차근 정리해 나갔다.

2022.08.03

대학생 Z세대 FGI

현재 대학에 다니고 있는 Z세대가 구체적으로 자신의 성장 과정을 회고해볼 수 있도록 성장 그래프를 그려보고 그 그림을 토대로 대화했다. 큰 영향을 주었던 5가지 사건을 표시해 보았고 이를 이야기 형식으로 들을 수 있었다.

2023.1.4~12

온라인 서베이

Z세대 연구원들이 함께 만든 Z세대 제제 페르소나를 만들어 응답자들이 편히 자신의 이야기를 카톡 하듯 주고받으며 스스로의 고민 혹은 경험에 대해 깊이 회고할 수 있도록 준비했다. Z세대 총 101명이 온라인 서베이에 참여했다

- 12일

Voyage X 인터뷰

조직 내 Z세대 비율이 높고, Z세대에게 인기가 많은 보이저엑스Voyage x라는 조직에 대해 좋은 사례로 알아보았다. 보이저엑스의 일원을 만나 인터뷰를 했다. 조직문화 및 업무 프로세스, 리더의 철학과 영향에 대해 깊은 이야기와 인사이트를 들을 수 있었다.

• 28일

Z세대 FGI

사회초년생인 Z세대가 허심탄회하게 대화할 수 있도록 Z세대끼리의 시간을 구성해보았다. 컨셉은 금요일 밤 퇴근 후 디너 파티로, 풍성한 음식과 아늑한 파티 분위기를 연출했다.

2022.10

• 4일

X세대 FGI

Z세대를 많이 만나고 있거나 Z세대에게 관심이 있는 X세대를 만났다. 앞서 Z세대의 성장 과정 이야기를 듣고 X세대의 성장 과정과는 어떤 차이가 있을지 궁금했다. 우리는 X세대가 '라떼'의 이야기를 편히 할 수 있도록 라떼 토크 커피숍 느낌의 컨셉을 연출했다. 또, 만나고 있는 Z세대에게 다른 점을 느끼는 순간은 언제였는지, 어떤 점이 다른 것 같은지 함께 대화해보며 새로운 인사이트를 찾을 수 있었다.

2022.11.21~28

2022.12

Z세대와 조직문화 중간보고

앞서 들은 여러 세대의 성장 과정에 대해 들은 내용을 정리하여 다른 세대와 비교하여 어떠한 환경이 짙어지거나 옅어지고 있는지에 대한 인사이트를 정리했다. 인사이트를 정리하며 환경에 대해 '사막'으로 비유했다. 이러한 세계관을 바탕으로 #기후 위기 #경제불황 #오염된 디지털 세상 #관계의 가난 이리는 키워드를 정리했다.

M세대 FGI

조직에서 낀 세대가 된 M세대가 느끼는 조직 내 어려움에 대해 툭 터놓고 대화할 수 있는 시간을 가졌다. 각자가 경험한 조직 내 어려움과 억울함을 서로 위로하며 다시 힘을 얻어가는 시간이었다

[인터뷰 참여자 수]

Z세대 FGI 10명,
M세대 FGI 7명,
X세대 FGI 4명
Z세대 온라인 서베이 101명
보이저엑스 조직원 인터뷰 1명

<총 123명>

STORY
2

외계인 Z세대와
대화하다

GEN Z, Who are they?
Z세대, 이들은 누구인가?

Z세대와 관계를 맺기 위해 먼저 이들의 이야기를 들어보고 싶었다. 먼저 현재 가장 몰두하고 있는 관심사는 무엇인지, 어떤 감정을 느끼고 있는지, 어떤 관계 속에 살고 있는지 듣고 싶었다. 이어 지금까지 가장 중요하게 생각해 온 가치와 성장 과정에서 가장 큰 영향을 받은 것 같은 사회적 환경, 관계에 대한 이야기도 들어보고자 했다.

참여자를 회사 경험 여부, 재직 여부에 따라 구분하고, 각각의 상황에 맞는 조직 경험에 대한 회고, 상상에 대해서도 함께 들어보기로 했다. 기대했던 질문의 답변이 개인적인 삶의 이야기인 만큼, 심리적 안전함을 확보할 수 있는 설문조사 방식이 필요하다고 판단하였다.

온라인 메신저를 주고받는 것이 익숙한 Z세대의 특성을 고려하여, 반응형 설문조사 플랫폼 Typeform을 통해 메신저로 대화하는 형식의 온라인 설문 조사를 기획하였다. 먼저 가상의 친구 '제제'를 대화 상대로 설정하고, "너는 요즘 어떤 감정을 느끼고 있어?", "혹시 왜 그런 마음이 드는지 조금 더 구체적으로 말해줄 수 있어?"처럼 친구와 반말로 대화하는 듯한 문체를 사용하여 친밀감을 조성하였다.

각 주제는 위와 같이 객관식 질문과 그것을 선택한 이유를 묻는 주관식 질문으로 이어지도록 구성하여 참여자들이 설문에 몰입할 수 있도록 하였다. 객관식 질문은 사전 연구와 Z세대 FGI를 통해 추린 키워드들로 구성한 선택지로 구성하였다. 주관식 질문에 앞서서는 FGI를 통해 들은 사례를 먼저 제시하면서, 솔직하게 자신의 이야기를 꺼낼 수 있도록 유도하였다. 참여자가 답변을 마칠 때마다 "맞아 너무 중요하지.", "그랬구나.", "이야기 나누어줘서 고마워."와 같은 표현을 통해 답변을 작성해 준 참여자에 대한 공감과 감사를 전하고, 심리적 편안함을 주고자 했다. 응답자는 2023년 기준 성인이 된 Z세대(1995~2004년생)로 제한하였으며, '제제와의 대화' 설문은 2023년 1월 3일부터 1월 10일까지 진행되었다.

101명의 Gen Z

총 101명의 Z세대가 평균 약 40분의 시간을 들여 참여하였다. 연령대를 자세히 구분해 보면 1996~2000년생이 78명(77%)으로 가장 큰 비중을 차지하였다. 성별로는 여성이 66명(65%)으로 전체의 약 2/3를 차지하였다. 현재 회사 근무 여부를 물었을 때는 근무 중인 참여자는 49명(48%), 지금은 아니지만 근무 경험이 있다고 응답한 참여자는 30명(29%), 근무 경험이 없는 참여자는 22명(21%)이었다. 현재 근무 중인 참여자 중 22명(73%), 현재는 아니지만 근무 경험이 있는 참여자 중 26명(53%)이 1년 미만의 기간을 근무했다고 답했다.

요즘 가장 시간을 많이 쓰는 것 Top 5

1. 취미 활동 44.6%
2. 일 43.6%
3. 진로 고민 35.6%
4. 자아 성찰 28.7%
5. 취업 준비 28.7%

'어디에 가장 많은 시간을 쓰고 있어?' 라는 질문을 통해 Z세대가 시간과 에너지를 가장 많이 투자하고 있는 관심사가 무엇인지에 대해 듣고자 했다. 현재 근무 여부(회사에 다니고 있는, 회사에 다닌 적 있는, 회사에 다니지 않고 있는)에 따라, 다른 응답 결과를 보였다. 당연하다고 생각할 수 있지만, 우리가 진짜 듣고자 했던 것은 각자의 상황 속에서 각각의 선택지에 시간을 쓰는 이유였다. 그 이유를 통해 이들이 보내는 시간 속에 어떤 고민과 생각이 있었는지 알 수 있었다.

회사에 다니고 있는 Z

자신의 시간을 대부분 '일'에 쓰고 있다고 답했다. 직장인이기에 당연히 일에 시간을 많이 쓴다고 볼 수도 있겠지만, 이들이 답변한 일에 시간을 쓰는 이유는 새로운 사회인 회사에 잘 적응하고 싶고, 일을 통해 전문성을 갖고 성장하고 싶기 때문이라는 것을 알 수 있었다. 일 다음으로는 취미활동에 대한 답변이 많았는데, 일 하나로 자신이 규정되거나 자신을 잃어버리는 것에 대해 경계하고 있었다. 취미를 통해 재미를 느낄 수 있는 돌파구를 마련하거나, 더 성장하기 위해서 시간을 쓴다고도 답했다. 한편으론 현재 회사를 토대로 커리어를 어떻게 발전시켜야 할지, 자신이 진짜 원하는 것은 무엇인지 여전히 진로 탐색에 대한 고민도 갖고 있었다.

"지금의 회사에서 하는 일이 재밌고, 의미가 있어. 그래서 계속 잘하고 싶은 마음이 많이 들어. 그래서 퇴근하고는 나의 역량을 높일 수 있는 일에 집중하려고 해! 나는 계속 성장하고 싶어!"

"일단 커리어가 완성되지 않았으니까 어떤 방향성으로 나아가야 할지 고민돼. 계속 성장해야 살아남을 수 있는 시대라고 생각도 들어서 공부도 하고, 일도 하고 있어."

"일을 하다 보면 지칠 때도 있고 나를 잃어버리는 것 같다는 생각도 드는데, 내가 좋아하는 걸 취미로 꾸준히 하니까 잡생각도 없어지고 나를 조금 더 위해준다는 느낌이라서 좋아."

"일은 하고 있지만 너무 안 맞는 일이라 다른 길을 찾아보는 중. 그러기 위해선 나 자신이 어떤 사람인지 알아야 한다고 생각해서 자신을 찾는 일도 꾸준히 진행 중."

회사에 다닌 적 있는 Z

세 집단 중 가장 다양한 상황 속에 놓여 있었다. 현재 휴학 중이거나, 복학을 앞두었거나, 졸업을 앞두었거나, 퇴사하고 새로운 직업을 찾고 있었다. 다양한 가능성이 열린 상황 속에서 교환학생, 어학 성적, 자격증 준비 등의 활동으로 미래를 준비하고 있었지만, 특히 다음 스텝에 대한 방향성을 설정하는데 있어서 가장 많이 고민하고 있었다. 이전의 일 경험을 통해 방향을 정했을 때와 아직 정하지 못했을 때 느끼는 감정은 극단적으로 달랐다. 일반적인 사회 진출 시기에 맞추어 취직해야 한다는 압박과 동시에 내가 원하는 것은 무엇인지에 대한 혼란스러움을 느끼고 있었다.

"퇴사하고 쉬는 중인데 다음 진로를 정하기에 앞서 이런저런 고민이 많아."

"일을 해보니까 좋아하는 일을 직업으로 삼고 싶다는 생각이 커졌어! 그래서 활동도 하고 시간이 남으니까 알바도 하고 있어."

"이제 경제적으로 독립을 해야 할 때니까! 그리고 왜 일해야 하는지, 어떤 태도로 일해야 하는지 스스로 알고 있어야 동기부여가 되니까 일에 대한 깊은 질문들에 대해서도 고민하는 것 같아."

아직 회사에 다녀본 경험이 없는 Z

졸업 후 미래에 대한 막연한 불안감을 토로했다. 현실적인 상황들을 고려함과 동시에 내가 좋아하는 것은 무엇인지, 삶에서 무엇을 추구하고 싶은지에 대한 고민이 동시에 존재하기에 진로 고민에 있어서 막막한 감정과 혼란스러움 감정을 느끼고 있었다. 자기 자신에 대해서 알고자, 자신이 좋아하는 것을 발견하고자 자아 성찰에도 시간을 쓴다는 것을 알게 되었다.

"뭔가에 쫓기고는 있는데 명확히 보이는 길이 아니라서 어중이떠중이로 불안감만 높아지고 있는 것 같아. 취업 준비를 하면서도 이게 맞는 길인가 계속 고민하고 남들이 하는 건 또 다 하고 싶고… 늘 돈은 부족하고."

"준비하고 있는 시험공부에 시간을 가장 많이 쏟고 있어. 그런데 결국 이 시험과 직업을 통해 어떤 것을 추구하고 이루어 갈지에 대한 진로 고민이 계속 이어지네. 그래서 합격에만 몰두하거나 그저 돈벌이 수단으로 여기지 않으려고 경계하고 있어."

"내가 좋아하는 것과 잘하는 것을 명확하게 모르겠어. 지금 시기가 지나고 무언가 발돋움하고 나면 다시 돌아오기 힘들 거 같아서 잠시 학업이든 뭐든 멈추고 내가 하고 싶은 일을 찾고 있어."

요즘 가장 많이 느끼는 감정 Top 5

1. 감사한 49.5%
2. 걱정되는 44%
3. 즐거운, 기대되는 33%
4. 막막한 29%
5. 불안한 27%

'너는 요새 어떤 감정을 느끼고 있어?'라는 질문을 던지며
Z가 요즘 느끼고 있는 감정에 대해 최대 5개까지 선택하도록 하였다.
그리고 그 감정을 느끼는 이유에 대한 이유를 물어보았다.
Z세대가 가장 많이 느끼고 있는 감정 top5와 그 이유를 정리해 보았다.

감사한 50명

모든 감정을 통틀어서 가장 많은 수의 응답자가 '감사한' 감정을 느끼고 있었다. 주로 '성취'를 경험했을 때 감사한 감정을 느꼈다. 큰 목표에 대한 성취뿐 아니라 일상에서 운동과 독서 등 스스로 설정하고 이룩한 작은 성과에 대해서도 마찬가지였다. 여유, 휴식이나 인간관계와 관련된 욕구들이 채워진 것도 주요한 이유였다.

직장과 관련해서는 새로운 직장에 적응해 가면서 소속감을 느끼는 것이 큰 이유였다. 자신이 하고 싶은 일을 하고 있다는 생각이 들거나, 자신이 기여하고 싶은 가치에 일치하는 삶을 살고 있다는 생각이 들 때처럼, 신념, 가치관과 일치된 삶에 대한 욕구가 채워졌을 때도 깊은 감사를 느꼈다. 취업난 시기에, 당장 어떤 직장에서 일을 하는 상태에서 느끼는 안도감과 어떻게든 잘될 것이라는 마음을 품고 사는 것도 하나의 이유가 되었다. 종교를 가지고 있는 응답자는, 현재 상황과 별개로 의지할 수 있는 대상이 있음에 감사를 표현하고 있었다.

"나는 혼자가 아니라는 걸 깨달아서 감사하기도 해! 나한테는 하나님이 있거든ㅎㅎ. 그냥 나를 있는 그대로 아끼고 사랑해 주시는 분이잖아. 그 말이 너무 힘 나더라구."

"길고 길었던 여정이 드디어 끝났어! 다사다난했던 2022년과 시험을 잘 마무리 지은 것이 너무 감사해."

"작년 한 해 좋은 사람들을 갑자기 너무 많이 만나게 돼서 그 사람들의 영향으로 내가 훅 성장한 것도 있어서 여전히 이어지는 인연에도 감사해하는 중이야."

"그래도 이렇게 인턴을 할 수 있는 기회를 주신 것에 대해서 감사하게 여기고 있어."

걱정되는 44명

'감사한'에 이어서 가장 많은 응답자가 느끼고 있는 감정은 '걱정되는' 이었다. 정해지지 않고 불확실한 미래가 가장 큰 이유였다. 무엇을 추구하고 준비해야 하는지 몰라서 오는 방향성에 대한 고민도 함께 이어졌다.

청년의 취업난이라는 사회적 상황도 걱정되는 감정을 고조시켰다. 적은 기회 속에서 나의 능력과 타인과의 능력을 비교하는 데서 오는 무력감도 엿볼 수 있었다. 사회 진출 시기에 대한 압박도 함께 그 원인이 되었다. 이런 고민이 이어져 거주지, 생계 등 생존에 대해 걱정하기도 했다. 조직과 관련해서는 맡겨진 일을 잘하고 싶은 마음이 걱정으로 이어졌다. 과거 조직에서의 상처가, 다음 직업을 선택하는 데에 대한 두려움이 원인이 되기도 하였다.

"나이가 어리진 않은 편이라서, 그럴 필요가 없다는 걸 알면서도 괜히 주변 사람들과 비교하게 되네. 공부도 일을 병행하면서 오랜 기간 걸쳐서 해온지라 많이 지쳐있어."

"어떤 일을 하고 먹고살면 좋을지 고민하는 단계에 있어서, 그 미래를 어떻게 개척해 나가야 할지가 걱정돼."

"남들과 비교해서 나는 내보일 성과도 뭐도 없고 그렇다고 뭔가를 추진해서 하고 싶지도 않아. 그래서 겁나고 걱정되지만, 무기력한 스스로가 답답하고 그저 막막해."

"지난 직장이 힘들어서 다시 일을 하려니 걱정되는 게 많고 겁도 나고 불안한 거 같아."

기대되는 33명, 즐거운 34명

'즐거운' 감정을 느끼고 있다고 답한 응답자 중 50%(17명)가 '감사한' 감정을 동시에 느끼고 있었다. 마찬가지로 달성한 성과를 확인하거나, 휴식을 통해 심리적 여유를 누리는 것에서 즐거움을 느꼈다. 다만 감사한 감정에는 결과에 초점이 맞추어져 있는 것에 비해, 즐거운 감정은 방향과 과정에 초점이 맞추어져 있었다.

내가 원하는 목표나 지향점을 발견하였을 때나, 현재 그 도전 속에 있을 때 즐겁다고 응답하였다. 즐거움 자체가 목적이자 방향이라고 답한 응답자도 있었다. 다른 사람과의 연결과 취미활동에서도 즐거움을 느끼고 있다고 답했다. '기대되는' 감정은 미래에 대한 상상과 관련이 있었다. 먼저 시험, 취업 등 목표 성취 이후, 이어질 다음 스텝에 대한 기대가 있었다. 정해진 루틴에서 벗어나 오랜만에 여가를 누릴 것에 대한 기대도 함께 담겨있었다. 조직 내에서는 조직 관계가 좋을 때, 함께할 다음 일에 대한 기대가 있었다.

이직에 대한 고민이 있을 때나 나와 맞는 새로운 일을 탐색할 때처럼 현재와는 다른 삶을 계획하고 상상하면서 그 삶을 기대하기도 했다. 관심사와 맞는 일을 도전하려 할 때도 기대를 품고 있었다.

"시험 결과가 3주 뒤에 나오는데, 남은 3주를 어떻게 알차게 보낼까 신나고 기대돼! 여유로움이 너무 오랜만이라… 여태까지 제대로 놀거나 쉬었던 적이 크게 없었던 것 같아서 더 기대되는 것 같아."

"결국 목적은 즐겁게 살려고 하는 것이니까."

"긍정적인 감정들은 주로 회사 안에서 느끼는 건데 나는 회사 일이 재밌고 동료들과의 사이도 요즘 부쩍 물이 올라서 이제 막 시작될 올해의 일이 정말 기대돼. 재밌기도 하고."

"내가 좋아하는 사람들과 함께, 좋아하는 활동을 할 때 즐거워."

막막한 30명

막막한 감정 역시 미래에 대한 고민, 방향성에 대한 고민과 시기적 압박이 주된 이유였다. 미래의 방향 설정에 대한 막연함과 함께 다음 스텝이 명확하지 않아서 막막함을 느꼈다.

역시 취업이 어렵다는 사회적 상황이 큰 원인으로 나타났는데, 준비해도 안 될 것 같은 데서 오는 무력감과 좌절감도 함께 있었다. 특히 취업 준비나 시험 준비를 하는 응답자의 경우, 언제 달성될지 모르는 기약 없는 생활에 대한 지루함과 막막함을 나타내었다. 준비 과정에서 관계적 단절도 경험한 것을 확인할 수 있었다.

"내가 하고 싶어서 하게 된 인턴도 아니고 관심 있는 직군도 아니기 때문에 앞으로 인턴 생활이 막막하고, 끝나고 나서도 내가 원하는 방향을 찾을 수는 있을지 무섭네. 이런 고민 하루 이틀도 아니고 이젠 좀 지치고 답답하다."

"취업이 어렵다는 말도 많이 듣고, 다른 애들에 비해 느린 것 같기도 하고 뭐 하나 제대로 준비된 게 없어서."

"사실 지금 하는 일이 2월이면 끝나기도 하고 그 이후에 뭘 해야 할지 모르겠어. 한 해, 한 해 시간은 가는데 명확한 목표나 안정적인 일자리 없이 흘러가는 시간이 막막하고 불안해."

"취준생 패시브랄까⋯. 언제 취업될지 알 수 없기 때문에 막막하고, 사는 지역, 공부 등의 이유로 있던 인간관계마저도 단절되는 듯한 느낌을 받기 때문에 외롭고."

불안한 28명

역시 미래와 방향성에 대한 고민이 다수를 이루었다. 취업난이 심해진다는 뉴스를 자주 접한 응답자에게는 불안이 신체적 증상으로 나타나기도 했다고 응답했다. 특정한 타인과의 능력적 비교로부터 온 불안이 아닌, 나만 멈춰있는 것 같은 느낌에서부터 시작한 불안이 시작하기도 했다는 것을 눈여겨볼 만하다. 이런 인식 속에 아무런 성과 없이 시간을 흘려보내는 것에서 문제의식이 있었다. 어떤 선택에 앞서서, '이 선택을 나중에 후회하면 어쩌지?'라는 실패에 대한 불안도 느끼고 있었다.

"일이 힘든 것도 있고, 하루하루가 무의미하게 지나가고 있는 것 같은 느낌이 들어. 다들 무언가 하고 있는데 나만 가만히 있는 느낌?"

"나중에 후회할 선택을 하지는 않을지 불안한 마음은 항상 마음 한편에 자리 잡고 있는 것 같아."

"이번 상반기에 원하는 기업에 취업할 수 있을까 하는 걱정이 커. 뉴스에서도 이제 더 채용이 어려워진다고 하고. 또 나 스스로 내가 불안한지 잘 몰랐는데, 생각해 보니 요즘 매일 밤 쫓기거나 죽는 악몽 꾸고 그래."

위의 감정들 뒤에 감춰진 스토리를 정리해 보면, 긍정적인 감정을 불러일으키는 것은 성취, 명확한 방향성 발견, 성장, 휴식, 여유, 긍정적 인간관계이며, 부정적인 감정을 불러일으키는 것은 미래에 대한 불확실성, 방향성 상실, 타인과의 능력적 비교, 나만 멈춰있는 듯한 감각, 취업난으로 인한 적은 기회, 관계적 단절 그리고 체력적 소진번아웃이었다.

Where does Gen Z come from?
Z세대, 이들은 어떤 환경에서 자랐는가?

Z세대를 둘러싼 환경, 그리고 그들의 경험

우리는 Z세대의 여러 환경 중 6가지 요소를 성장에서의 핵심 환경으로 추려보았다. 디지털 세계와 그로 인한 간접 경험에 대해, 가족과 수평적 의사소통, 독립적 태도에 대해, 그로 인한 그다음 관계에 대해, 격차가 심화되는 사회와 그로 인한 억울함과 무력감에 대해, 정치와 그에 대한 분노와 불신에 대해, 그간 받아온 평가제도와 그로 인한 개인으로의 감각에 대해 자세히 살펴보려 한다.

1) 디지털 네이티브 :: 태어나는 순간부터 디지털과 연결되다

디지털, 태어나는 순간부터 뇌와 연결되다

먼저, 요즘 세대라고 불리는 세대로 갈수록 빠질 수 없는 환경의 변화가 있다. 바로, 디지털이다. 디지털 네이티브라 불리는 Z세대는 태어나보니 세상의 수많은 정보와 각양각색의 사람들이 인터넷으로 연결되어 있었다. 그러니까, 그렇지 않은 세상, 인터넷으로 연결되기 전의 세상을 경험한 사람들과는 굉장히 다른 사고체계를 가지고 있다. 자신의 존재에 대한 감각도, 주로 사용하는 언어와 뉘앙스도, 새로운 온라인 문화와 에티켓 등 여러 감각이 다르다. 심지어 Z세대에 대해 '디지털 네이티브'라는 주제 책이 나오기도 했다. 그만큼 인터넷이라는 기술은 삶의 전반과 세상에 많은 변화를 가져왔다.

연결되어 있지만 경험하지 않은 세계를 만들다

덕분에 우리는 손가락 움직임 몇 번으로 방대한 정보와 다양한 삶을 볼 수 있게 되었다. 하루에도 몇 번씩 들어가는 SNS에서는 현실에선 만나기 어려운 연예인들과도, 언어가 다른 사람들과도 연결되어 그들의 삶을 보고 나의 반응을 전달할 수 있다. 또한 연예인뿐만 아니라 일반인 중 원하는 누구나 자신의 영상을 올려 1인 채널을 운영할 수 있는 것이다. 너무나 쉽게 나의 삶을 공유하고, 정보를 공유하고, 익명의 사람들과 소통할 수 있다. '브이로그v-log'라는 이름으로 자신의 일상을 영상으로 기록해 두고 올린다. 당장 내 옆에 스쳐 지나가고 있을 수도 있는 평범한 사람이기에 더욱이 수요가 있다. 그 채널을 통해, 영상을 통해 시청자는 자신이 살아보지 않은, 그러나 자신이 살아볼 수도 있는 삶을 간접적으로 경험해 보는 것이다. 내가 해보지 않은 특정 학과 생활을, 가보지 않은 해외에서 유학 생활을, 고민되는 분야로 진출한 이의 생활을 간접적으로 엿보는 것이다.

간접경험의 과잉

이러한 손쉬운 연결의 뒷면에는 간접경험의 과잉이라는 맹점이 숨어 있다. 청소년 미래 진로센터 관계자 중 한 사람은 이렇게 말했다. "세계를 물질과 비물질의 영역으로 나눈다면 세대가 어려질수록 비물질 세계에서의 경험은 다양하고 잦아요. 간접 경험, 간접 체험, 정보는 과잉인 것 같기도 해요. 그에 반해 직접 경험이 너무 부족한 것 같아요. 사실 간접 경험이나 짧은 체험들은 임파워Empowerment를 하기까지는 어려워요." 검색과 시청으로 습득한 정보들로 아는 것이 많아졌다. 그러나 아는 것이 많아지기만 하면 왜곡이 깊어지기도 한다. 오히려 나아갈 수 없어진다. 아는 것만 많아지면 새로운 경험을 도전하기보단 내 생각과 세계 안에 갇혀 더 나아갈 의미를 찾지 못하게 한다. 모든 면의 단편적인 면만 알 뿐 많은 정보의 양으로 스스로 많은 것을 알고 있다고 착각하게 한다. 때론 정보는 그렇게 한 사람의 세계를 제한하기도 한다.

다 알아버린 것 같은 지루함

다시 말해 스스로가 상상하고 기대할 영역이 없어지는 것이다. 번아웃은 어려움에 직면했을 때가 아니라, 미지의 세계를 잃어갈 때가 아닐까 싶다. 즉, 더 나아질 거라고 기대할 남은 땅이 없다고 느낄 때 우리는 한 발짝도 더 나아갈 수 없는 상태가 된다. 내가 이 시기를 넘어 저 시험에 합격한다면, 저 직업을 가진다면 다른 삶을 살 수 있지 않을까? 내가 이곳이 아니라 다른 곳에서 살아보면 어떨까? 그러나 방구석에 누워 유학생들의 V-log를 보며 생각한다. '가도 별거 없네. 내가 달라지지 않으면 어디서나 똑같은 삶이지 않을까.' 사실은 가지 않고선 모른다는 것이다. 방에 누워 모니터를 보고 있는 것만으론 현장의 생동감을 느끼지 못한다. 다른 문화권에 홀로 가보지 않고선 태어나면서 지금까지 나를 둘러싸고 있는 정체성이 무엇이었는지 피부로 느낄 수 없다. 그러나 간접 경험에 익숙해진 Z세대는 때론 너무 많은 것을 알게 되어 지루함을 느낀다.

미지의 부재: 무의미와 지루함

영화 ≪에브리씽 에브리웨어 올앳원스 Everything Everywhere All At Once 2022≫는 다중 세계에 있는 또 다른 나의 장기나 능력을 가질 수 있는 설정이다. 주인공은 이미 셀 수 없이 많은 세계의 내가 되면서 어떤 것이든 될 수 있고, 어디로든 갈 수 있는 능력의 소유자가 되었다. 그래서 모든 것이 될 수 있고, 모든 곳이 될 수 있다. 그러면서 물리적 세계를 완전히 이해한다. 정말 신나고 다채로운 일이 아닌가. 내가 아닌 또 다른 나의 삶을 살아보며 새로운 삶을 살 수 있다. 그러나 그 주인공은 오히려 절대 헤어 나올 수 없을 것만 같은 무의미함과 지루함에 빠진다. 결국 스스로를 없애버리려 블랙홀을 만든다.

2) X세대 부모 :: Z세대가 만나는 첫 어른

처음 만난 어른

가족은 아이가 만나는 첫 세상이다. 그중 부모와의 만남은 내가 만나는 첫 인격이다. 부모와의 관계 형성은 어른이 된 후의 사회생활의 태도, 사회성과도 연결된다. 가족은 다수의 사람이 속하는 집단 중 첫 번째 사회이다. 이곳에서 만난 아버지 혹은 어머니는 사회 내에서 만나는 첫 번째 어른이다. 사람은 자신을 보호하기 위해 대상들의 유형을 나누고 일반화시킨다. 그렇게 어른이 어떤 존재인지 혹은 타인이 어떤 존재인지 정리해 나간다. 말랑한 생각이 형태를 잡은 후 그대로 굳어지는 것이다. 첫 세상에선 다음 세상으로 갈 준비를 한다. 가족은 다음 세상에 가서도 매일 혹은 언제든 다시 돌아와서 재정비하는 곳이 되기도 한다.

친구 같은 부모의 등장: 수평적인 의사소통

Z세대의 성장기를 돌아볼 때 가족 공동체는 어떤 분위기와 메시지를 던지고 있었을까. Z세대의 부모는 X세대이다. X세대 부모의 특징은 친구 같은 부모라는 개념의 시작이라는 것이다. 권위적이기보단 수평적이고 친근하게 소통한다. 최근 들어 자주 나타나는 현상 중 하나는 가족이 다 함께 하지 않더라도 부모와 자녀 간 함께 여가를 즐기며 취미를 공유한다는 것이다. 2021년 신한카드 전략보고서에 따르면 "M은 부모를 권위적이라 여기지만 Z는 친구처럼 여긴다."

라며 Z세대부터 달라지는 어른에 대한 이미지를 주목했다. 우리가 진행한 Z세대 대상 FGIFocus Group Interview에서 한 참가자는 이렇게 말했다.

#친구 같은 부모

"저희 아버지가 친구 같은 아버지를 추구하세요. 어릴 때부터 취미 생활도 같이하고 게임도 같이하고 스포츠 경기도 같이 보고. 이런 여러 가지 취미 생활도 많이 했고 어머니와도 이야기를 많이 하는 사이예요."

"저는 아빠를 엄청 좋아했어요. 항상 멋있는 사람이고 존경하는 우상이자 친구였죠. 어렸을 땐 매주 일요일이면 3시간씩은 아빠랑 놀러 나가서 맛있는 것들을 먹고 오는 시간이 정해져 있었어요."

X세대 부모에게서부터 많이 보이는 가정 환경은 수평적이고 민주적인 의사소통과 거기서 오는 인격적인 대화이다. 그것은 위계가 존재하지 않음이 아닌, 반영적인 문화다. 질서 없음이 아니다. 나이나 사회적 위치만으로 의견을 관철하지 않을, 혹은 가장 작은 사람의 의견에도 반응하고 서로 조율해 나갈 수 있는 반영적인 문화다. Z세대는 그러한 가정에서 자라와 반영적인 의사결정 과정을 경험했다. Z세대의 첫 세상에서의 경험은 다른 세대와의 인격적 대화에서도 비교적 자연스럽고 편안했다.

다른 세대와도 수평적으로 소통하는 Z세대

오히려 요즘 들어 보이는 관계 양상 중 하나는 20대와 40대가 친구가 되는 현상이다. 한번 마음을 열고 인격적인 관계가 형성되기 시작하면, 취향과 관심사가 맞는다면 함께 미술관도 가고, 영화도 보러 가며 자주 만나는 친구가 되는 것이다. 수평적이고 인격적인 소통과 관계로, 나이 차이와는 관계 없이 나와 다르지 않은 사람으로 볼 수 있는 눈이 Z세대에게는 자연스럽게 장착되어 있다. 나보다 어른이라고 성숙하게 이끌어주는 관계라고만 생각하지 않는다. 서로 마음을 주고받으며 고민도 나누고 우스갯소리도 주고받는 그런 관계로 편히 받아들인다. 이것이 X와 Z의 새로운, 아니 이미 여러 곳에서 자연스레 시작된 관계의 가능성이지 않을까 싶다.

#나이와 관계없는 관계
#위계가 없다는 건 이런 것
#인간 대 인간

"저랑 음악 취향도 잘 맞고, 제가 정말 닮고 싶은 어른이에요. 요새는 그분이랑 자주 만나서 좋은 공간도 가고 음악 이야기도 많이 하거든요. 제가 나이를 먹게 되면 그분처럼 되었으면 좋겠어요. 함께 이야기하는 것도 정말 재밌고, 시간 가는 줄 모르겠더라고요."

IMF를 겪은 부모: 독립적 양육방식

또, X세대 부모에 대한 다른 키워드 한 가지는 독립적 양육방식이다. 사회초년생 때 IMF를 겪었던 터라 자신의 몫이나 역할에 대해 스스로 책임질 줄 알아야 한다는 현실적인 감각을 키워나간 세대이기도 하다. Z세대 자녀가 스스로 선택하고 자신의 선택에 책임을 지게 하는 양육적 태도를 뜻하기도 한다.

#결정에 대한 책임
#자주적이고 독립적인 양육

"우리 부모님은 나를 매우 자주적이고 독립적으로 키우셨어. 그리고 내가 한 약속은 꼭 지키고 내 결정에 대한 책임을 지게 하셨지. 날 믿고 지지해 주신 덕에 어릴 때부터 다양한 경험을 할 수 있었고 내가 재미를 느끼는 활동을 주도적으로 해나갈 수 있었던 계기가 되었던 것 같아."

#양육 모토
#사회에 쓸모 있는 사람으로 키우고 싶다

"저희 부모님은 어렸을 때부터 저와 오빠를 '사회에 쓸모 있는 사람으로 키우고 싶다.'라는 확실한 양육 모토가 있으셨다 하시더라고요."

경제적 독립을 위해 힘쓰는 Z세대

Z세대는 독립이란 가치에 대해 강조되거나 자주 상기하는 양육을
받으며 성장했다. 사회에서도 내 몫은 내가 할 줄 알아야 한다는 감
각이 세다. 또한, 정서적 독립, 물리적 독립, 경제적 독립이 모두 이
루어졌을 때 스스로 서 있을 힘을 기른 상태, 독립이라고 한다. 독립
의 여러 형태 중 사실상 선행되는 것은 물리적 독립, 경제적 독립이
다. Z세대가 말하는 경제적 독립, 금전적 보상에는 자주 부모님으로
부터의 독립이 언급된다. 부모님께 더 이상 의존하기보다 나의 힘으
로 나의 삶을 꾸려나가야 한다는 신념 혹은 책임 의식 또한 크게 작
용하고 있다. 더 나아가 사회초년생인 Z세대 또한 독립을 넘어 다른
가족 혹은 이웃들을 부양하기 위한 준비도 하고 있다. 불확실한 미
래임을 그 어떤 세대보다 흔들리며 겪고 있기에 금전적 보상을 확보
해야 함을 절실히 느낀다.

3) 친구 :: 독립과 독립이 만나다

#경제적으로 안정된 삶
#내가 책임지고픈 가족

"학구열이 떨어지는 동네에서 지내다가 대치동에서 공부를 하게
된 건 꽤 소중한 경험이었어. 하지만 그만큼 경제적 격차에 대해
서도 느끼다 보니, 우리 부모님도 안정된 삶을 누리시게 하고 싶
어. 그거 때문에 경제적 안정이 내 인생의 가장 큰 가치가 된 것 같
지만 말이야."

"부모님으로부터 경제적으로 독립하려면 금전적인 보상도 중요한 것 같아."

"못사는 집안은 아니었는데, 내가 부모님께 손 벌리는 걸 그닥 좋아하지는 않아서 말이지. 용돈 안 받고 그냥 내가 번 돈으로 먹고, 입고 싶었어."

Z의 독립: 도움은 받지 않는 것이 미덕

이러한 독립의 감각은 가족관에서도 물론이고 Z세대의 친구관에도 영향을 미친다. 특히 정서적 독립에 대해 Z세대는 의존하지 않고, 최대한 혼자서 해결할 수 있는 것은 도움을 요청하지 않는 것으로 이해하는 경향이 있었다. 학원복음화협의회에서 발표한, 2022 청년 트렌드 리포트에 따르면, 최근 대학생들은 고민을 '혼자 해결'한다는 답변이 39.2%로 가장 높았다. 게다가 지난 1년간 불안증/수면장애/우울증 등의 경험은 38.4%로, 대학생 3명 중 1명은 심리적인 문제로 일상생활을 영위하는 것에 어려움을 겪고 있다. 게다가 Z세대는 자신에게 혹은 자신의 상황에 문제가 생겼을 때 혼자 해결하는 것이

미덕이자 성숙처럼 생각하는 경향이 있다. 필자 또한 최근에 친구의 이사 소식을 듣게 되었다. 도움을 주겠다는 말에 돌아오는 답변은 도움을 받는다는 게 불편해서 혼자 하겠다는 것이다. 지난해에도 이사하는 또 다른 친구에게 이미 같은 반응을 받아본 터였다. 그러나 필자 또한 그 마음이 어떤 마음인지 모르지 않기에 상대의 마음을 위해서라도 도움의 손길을 거두곤 했다.

#감정 또한 홀로 처리하는 것이 미덕인 Z세대의 신념

"사적인 감정을 팀원에게 드러내지 않으려고 노력하는 사람과 함께 일하고 싶어. 사람이니까 심각하게 좋지 않은 일이 있다면 그럴 수 있지만, 팀은 혼자가 아니라 함께 하는 팀원들이 있으니까 좋지 않은 영향을 주는 사람과는 같이 일하기 힘들 것 같아. 그리고 자신의 감정을 잘 컨트롤하는 사람을 실제로 보면서 존경스럽고 나도 그런 사람이 되고 싶다는 생각을 했어."

#혼자가 익숙해
#인생은 홀로서기

"우선 나는 '혼자' 하는 모든 것에 익숙해져 있어. 내가 살아온 환경에 의해서 더욱이 그렇게 된 상황인데, 어찌 보면 난 이런 내가 마음에 들기도 해. 원래 인생은 홀로서기잖아^^."

독립 - 관계 = 고립

Z세대는 독립을 위해 어딘가 다른 길을 가고 있다. 도움을 최대한 받지 않고 내 힘으로 살아내기. 이것이 마치 나를 위한, 서로를 위한, 진정한 어른으로 가는 자립의 길이라 생각하고 있다. 독립에서 관계를 빼면 고립이 된다. 나 혼자만의 섬에 들어가 홀로 외로움과 실질적인 문제들을 해결하며 살아가는 것은 고립이다. Z세대는 독립이라 믿었던 길에서 고립을 마주하고 있다.

4) 경제 :: 이미 한참 기울어진 운동장

갈수록 억울해지는 Z세대

근대 사회 이전에는 태어난 그대로 자신의 신분과 보상이 정해진다. 그러나 현대 사회로 오면서 이러한 불평등을 없애고자 자신의 능력으로 경쟁하며 보상받는 체계로 바뀌었다. 그러나 요즘 사회를 노력한 만큼 얻어갈 수 있는 사회로 보기엔 구조적으로 무언가 잘못되어 가는 느낌을 받는다. 사회는 더 노력하지 않았기 때문이라고 하나 진정 동등한 기회가 주어졌느냐고 묻고 싶은 심정이다. 팬데믹 시기를 지나며 자산의 양극화가 심해지고 있다. 상위 20%의 자산이 하위 20%의 약 35배가 되었다[3]. 자산 격차와 달리 소득 격차는 20대가 30대보다 작다는 결과가 나왔다[4]. 소득 축적 기간이 비교적 짧은 20대 가구의 자산 격차가 더 벌어진 것은 부모 등으로부터 자산을 물려받기 때문이다. 노력과 성실로 더 이상 사회적 보상을 기대하기 어려워지고 있다.

소외된 Z세대가 겪고 있는 불안

이러한 구조는 개인에게 부과되는 사회적 위기 비용을 지불하지 못하는 청년들을 소외시킨다. 끝없이 일해도 안정적인 삶을 누리지 못할 것이며, 내가 하는 일의 결과와 보상은 내 것이 아닌 언제나 다른 이의 것이 되며, 그럼에도 계속해서 일하지 않으면 현재의 삶을 영위하지 못하고 도태될 것이라는 좌절과 소외의 사고 프로세스 안에 들어가게 된다. 이러한 사고는 결국 거대한 허무와 권태, 그곳으로부터 사회에 대한 불신과 불안이 몰려온다. 그렇기에 내가 보다 나은 삶을 누리며 살아가기 위해선 경제적으로 안정이 뒷받침되어야 한다는 감각이 세진다. 오히려 나의 노동력에 응당한 값어치를 쳐주지 않는 곳은 곧 나를 소외시키는 곳이라는 이미지가 깊이 박힌다. 회사는 나를 책임져 주지 않는다. 그러니 경제적 안정은 격차가 심해

---

3 2021년 통계청 발표에 따르면, 자산 하위 20%의 평균 자산은 2473만원, 상위 20%의 평균 자산은 8억 7044만원으로 35.20배 차이가 난다. 2019년엔 33.21배였고, 부의 대물림으로 인한 자산의 격차는 계속해서 벌어지고 있다., 송충현, MZ세대 자산 양극화 심화… 상위 20%가 하위 20%의, ≪동아일보≫

4 20대 가구의 자산 분위별 소득을 보면 상위 20% 자산을 가진 가구의 평균 경상소득은 5262만 원, 하위 20%의 평균 경상소득은 2145만 원이었다. 20대의 소득 5분위 배율은 2.45배로 30대(3.05배)보다 낮았다., 송충현, MZ세대 자산 양극화 심화… 상위 20%가 하위 20%의, 동아일보

진 사회 구조에서 애쓰는 사회초년생들에겐 더더욱 현실적이고 당연하게 여겨지는 가치이다.

#늘 불안한 마음
#경제적 안정

"맨날 돈이 없어서 힘들어서 경제적 안정이 꼭 필요하고, 내가 재미를 느끼는 일은 얼마든지 할 수 있으니까. 그리고 더 이상 불안한 감정을 느끼고 싶지 않아."

#풍요로움
#넉넉한 마음

"개인적으로 난 금전적으로 좀 풍족해야 행동이나 마음가짐 등이 편안하고 남을 더 잘 대해줄 수 있다고 생각해. 물론 아닌 사람도 있겠지만 개인적인 경험으론 물질적으로 좀 더 풍요로운 사람이 타인을 대함에 있어서 좀 더 유해지더라고. 그래서 그런지 늘 금전적인 부분은 중요한 요소라고 생각해."

#열심히 해도
#부모님 발끝조차 따라가지 못해

"나온 학교나 주변의 기대감 때문에 나에게 기대를 하는 사람들을 실망하게 하고 싶지 않았고, 나도 열심히 노력한 만큼 남들한테 무시 당하고 싶지 않았기도 했어. 뭐 적어도 부모님보다는 더 좋은 학벌에 더 좋은 직장을 가지라는 말을 수도 없이 듣고 살았지만, 부모님 발끝도 못 따라가는 중이야. 어렸을 땐 아무것도 아닌 줄 알았는데 말이지."

5) 정치 :: 내가 알아야 한다

사회적 위기, 불신을 낳다

'경제적 위기는 정치 지도자에 대한 깊은 환멸을 낳는다. 특히나 우리가 그 짐을 공평하게 나누어지고 있지 않다는 인식이 늘면 더더욱 그러하다.[5] ≪고립의 시대≫의 작가이자 경제학자인 노리나 허츠는 외로움을 '주변화되고 무력해진 느낌, 고립되고 배제되고 자기 자리와 지원을 빼앗긴 느낌'으로 정의한다. 이러한 외로움은 사회 구조에 대한 불신에 자리한다.

불신, 생존의 감각을 일깨우다

경제적 불합리함 뿐 아니라 사회적 참사를 다루는 정치인들이나 국정농단으로 인한 대통령 탄핵 등은 Z세대의 성장기에 일어난 국가적 비극이었다. 세월호 참사는 일어나지 않을 수도 있었던 일이었으

----

[5] 노리나 허츠Noreena Hertz, ≪고립의 시대≫, 웅진지식하우스, p66

나 공의를 추구하길 기대하는 권위자의 이기적인 명령이나 판단으로 발생했던 것이 아닌가. 국민을 위해 세워진 정부의 지도자들이 자신의 이익을 위한 결정을 하는 모습을 본다. 사회 지도자들에 대한 분노를 경험하는 Z세대는 '내가 알아야 한다'라는 생존의 감각과 함께 내 삶은 내가 책임지지 않으면 그 누구도 책임져 주지 않는다는 불신의 감각이 함께 자리 잡고 있다.

#세월호
#국정농단
#정치를 배워야겠어요

"중학교 때는 세월호 사건이 있었어요. 제 고향이 사건이 벌어진 곳과 굉장히 가까웠어요. 지금도 목포 신항에 세월호가 있는데, 저에겐 굉장히 충격이었거든요. 나는 나에게만 머물고 기껏해야 내 가족, 내 지역사회에만 머물다가 갑자기 시야가 국가로 갑자기 넓어졌던 것 같아요.
지역 분위기 자체가 그랬어요. 함부로 웃으면 안 될 것 같은 당시의 분위기가 형성되어 있었고. 분노라는 감정을 처음 알았던 것 같아요. 그래서 정치도 관심 있었고. 제가 이과였다가 문과로 바꿨거든요. 2016년에 국정농단이 일어나면서 정치에 진지하게 관심을 가지게 되었어요."

6) 교육 :: 다면화된 평가, 그곳에서 더욱 홀로 서기

다면화된 평가로 발달한 공정성과 긴장감

대입이라는 작은 시스템에서 살기를 12년. 대학 입시는 하나의 시험보다는 종합적 평가의 방향으로 가고 있다. 그 평가들은 나의 시험 점수들의 총합과 각 과목에 대한 선생님들의 주관적 평가, 글쓰기나 UCC 만들기 등 예술 영역의 교내 대회 등으로 여러 항목이 있다. 학생들은 성적 관리뿐 아니라 평가자와의 관계 또한 관리해야 한다. 물론 이것은 그 학생을 시험 성적으로만 평가하지 않기 위해 시작되었고, 분명 그 역할을 하고 있기도 하다. 그러나 다른 한편으론, 학생들은 성적뿐 아니라 자신에게 내려지는 정성적이고 주관적인 평가를 받아야 하고, 정성적인 부분까지 비교하며 자신을 강화하려는 데까지 에너지를 쓰고 있다. 평가가 다원화되며 내 모든 부분을 누군가 지켜보며 내가 모르는 사이에 기록되고 있다는 감각은 때론 사람을 긴장하게 만든다.

#나를 가리기
#도태될까 하는 두려움이 원동력

"눈에 띄어서는 입방아에 오르내리는 걸 안 다음에는 날 숨기는 일을 자처했고, 교육계 안에서는 완성되지 않으면은 금방 도태된다는 확신이 들어 기를 쓰고 살아남으려고, 물불 안 가리고 앞만 봤어."

"교육과정 밟는 성장기 십여 년 동안 가족과 학교로부터 직간접적으로 평가의 대상이 되었고, 그 잣대는 성적이었던 거 같아. 사실 과열된 입시경쟁 구도를 겪어본 한국인이라면 누구나 그런 잣대를 마주했었지 않을까 싶어."

팀 감각을 잃은 개인으로의 경쟁

개인으로 오랫동안 치열하게 경쟁하다 보면, '나'라는 개인만을 위한 달리기가 남는다. 자연스러운 현상이다. 모든 것이 나로서 평가받고 보상받는다면, '우리'라는 감각은 감상적이고 불필요한 것처럼 느껴진다. 또, 경쟁이 치열하면 할수록 그러한 인식은 더욱 심화된다. 내 옆 사람은 함께 살아갈 나와 같은 인격이라는 감각을 잃어간다. 도리어 옆 사람은 내 것을 빼앗아 갈 수 있는 위험한 사람이 된다. 내가 다른 사람들을 보며 느끼는 열등감과 우월감을 다른 사람 또한 나를 보며 느낄 것을 알고 있다. 게다가 개개인을 하나가 되게 해주는 커뮤니티, 아니 너 집요히게 말해서 공동체를 경험할 수 있는 기회까지 잃어버리면, 그때부턴 적자생존의 사회가 열리게 된다. 공동체가 무엇인지 아는 세대의 경쟁과 그것이 무엇인지 냄새조차 맡지 못한 세대가 경험하는 경쟁은 분명 다르다.

#비교 #열등감 #남과 나를 비교

"나도 경쟁하게 되는 입시에 많은 영향을 받았어. 실제로 아주 오래 사귄 친구였어도 성적에 관련된 얘기만 나오면 스트레스를 받아서 더 이상 얘기하고 싶지 않을 정도였거든."

#경쟁을 동력 삼는 것이 익숙한

"난 내가 성장하기 위해서는 경쟁자가 필요하다고 생각해."

#경쟁하며 살았어
#혼자 사는 법을 배워야 하는 환경

"고등학교 때 입시학원에 다녔는데 거기서의 교육이 나한테 영향을 많이 미친 것 같아 나도 너처럼 경쟁하며 살았어. 치열하게, 그리고 조금은 혼자 사는 법에 대해 배웠어.

넓은 세계로 갈수록 빛바래 가는 줄 세우기 평가

그러나 12년간 달렸던 시스템을 나와보니 대학이라는 보다 넓은 세계가 있다. 시스템은 보다 넓어졌다. 그뿐만 아니다. 이제 학교라는 틀을 벗어나 사회로 나와보니 이런 웬걸. 지금까지 나를 인정해 주거나 안전한 길이라며 알려주던 제도들은 다 어디 갔는가. 이곳은 도대체 어디부터 어디까지가 시작이고 끝일 수 있는가. 넓은 세계에선 줄 세우기 평가라는 건 자리하지 못한다. 애초에 의미가 없다. 그러나 좁은 세계에선 가능하다. 한 줄로 세우고 비교하며 우열을 가릴 수 있었다. Z세대는 사회초년생으로, 넓은 세계로 적응하기 위해 더 이상 유효하지 않은, 그간 날 지켜왔던 익숙함을 버릴 때를 마주해 버렸다.

#공부만이 살길
#친구들은 모두 경쟁자
#못하는 건 한심한 거

"공부만이 살길이라고 학교에서 집에서 세뇌당한 세대이고 공부 말고 다른 길을 찾을 수 있는 방법을 접하지도 누가 알려주는 사람도 없었어. 너무 당연하게 학생의 본분은 공부라고 생각했고. 실제로 시험 기간에는 친구들을 경쟁자라고 생각했었어. 부끄럽지만 공부 못하는 친구를 한심하게 생각하기도 했고. 그저 먼저 인생을 살아온 어른들이 하나같이 입을 모아 말하는 게 공부가 중요하다였어서 그런 줄로 생각하고 자라게 된 거 같아. 세상엔 참 다양한 사람들이 있고 다양한 길이 있다는 걸 몰랐지."

#무얼 위해 하고 있지?
#단기목표는 있지만 장기목표는 없는

"좋은 성적을 받기 위해서, 좋은 대학에 가기 위해서 열심히 공부를 했는데 장래 희망에 대한 답은 할 수 없을 때 무얼 위해서 하고 있지?라는 방황에 한 번 흔들렸던 것 같다."

What did Gen Z experience in the company?

Z세대, 이들은 회사에서 어떤 경험을 했는가?

온라인 서베이에서 Z세대가 회사에서 경험한 이야기를 직접 들어보았다. Z세대가 말하는 회사 내 이야기는 어디에도 없던, 어디에서도 들어볼 수 없던, Z세대조차 감히 어디가서 말해본 적 없었던 회사 내 이야기.

어디부터 어디까지 설명해야 할지 몰라 단념하고 말던 이야기. Z세대의 희노애락이 담겨 있는 이야기가 여기에 있다.

업무	**GOOD**	• 내가 하는 일이 다른 사람들에게 도움이 된다고 느 낄 때 • 맡은 업무를 성취했을 때 • 새로운 것들을 배워갈 때 • 주어진 일이 명확할 때
	BAD	• 가야 할 방향이 보이지 않을 때 • 나의 능력이 부족하다고 느껴질 때(자신만의 기준, 타인과의 비교) • 능력에 비해 과중한 책임의 업무를 해내야 할 때 • 일의 방식이 이해되지 않을 때 • 업무가 악영향을 끼칠 때
관계	**GOOD**	• 먼저 다가와 주고 표현해 줄 때 • 취약함을 품어주는 안전한 분위기 • 나의 성장에 관심을 가질 때 • 회사가 지향하는 가치대로 진정성 있게 일하는 모 습을 볼 때 • 인격적으로 관계맺을 때
	BAD	• 인격적인 대우를 받지 못할 때 • 나에 대해 평가하고 있다는 게 인식될 때 • 문제를 해결할 의지가 없어 보일 때 • 편하게 소통할 관계가 없을 때 • 공정하지 않은 대우를 할 때 • 나의 능력과 경험을 무시한다고 느껴질 때

Z세대가 힘들어하는 업무

Z세대는 명확한 가이드 기준이 없을 때, 방향을 잡지 못하는 경향을 보였다. 레퍼런스가 없는 창조 업무를 맡거나 명확하지 않은 업무 지시를 받았을 때 막막함을 호소하며 혼란스러워했다.

회사에 처음 들어왔을 때 온보딩 프로세스가 없어서 자신의 역할과 직무에 대해 알 수 없어 힘들었다고 전하기도 했다. 회사 자체에서도 한 번도 해본 적 없는 업무나, 상사도 잘 모르는 업무를 받았을 때도 기준이 없어 힘들어했다. 업무 중 자신의 무능을 느낄 때도 무력감을 호소했다. 자신이 한 번도 경험해 본 적 없는 업무를 맡거나, 맡겨진 업무와 관련해서 실수했을 때 위축되었다.

사내에 다른 구성원과 비교하며 상대적 무능을 느낄 때도 마찬가지로 좌절감을 느꼈다. 신입부터 너무 많은 업무와 책임을 맡게 되었을 때, 기한이 타이트한 업무를 맡았을 때도 압박감과 무능감, 지친 감정을 호소했다. 이로 인해 건강 악화를 경험한 Z세대도 있었다. 한편 너무 일이 맡겨지지 않았을 때도 조직에 기여하지 못한다는 무력감, 지루함을 느꼈다.

예고 없이 업무가 주어져, 갑자기 야근해야 하거나 일상의 계획을 갑자기 수정해야 할 때 존중받지 못했다고 느끼기도 했다. 이와 함께 납득이 안 되는 비효율적인 업무, 성향과 맞지 않는 업무, 무의미한 반복 업무, 업무가 사회적으로 악영향을 끼칠 때 등 다양한 이야기가 있었다.

Q. 네가 회사에서 했던 일 중에 힘들었던 일이 있었어?

Z 가야 할 방향이 보이지 않을 때가 좀 힘들었죠.

"나는 갑자기 행사에 관련된 디자인 업무를 맡게 된 적이 있는데 나한테 주어진 권한(?)이 어디까지고, 행사는 어떤 종류의 행사인지도 모르는 상태에서 일만 맡아서 해야 하는 상황이었어. 한마디로 일에 대한 이해도가 없이 일을 해야 하는 상황이었지. 그때 진짜 막막하고 힘들었어."

"입사했을 때 온보딩이 전혀 되어 있지 않아서 이 회사가 어떤 곳인지 나는 해당 기간 어떤 걸 할 건지, 해당 직무의 멘토와의 만남 같은 게 전혀 없어서 참 어려웠어. 스타트업의 분위기를 배워나가는 중이라고 생각해. 너무 자유로워서 내가 지금 어디에 있는지 전혀 알 수 없는 느낌이야."

"레퍼런스 없이 새롭게 창조해야 하는 일이 어려웠던 것 같아."

Z   계속 다른 사람과의 비교에서 제 기준치에 가지 못하다고 느
끼니 위축되더라고요.

"예상할 수밖에 없었지만 역시나 내가 할 수 있는 것은 너무 없더
라고. 경험이 너무 없는 거지. 경력 차이가 너무 나니깐 의견을 내
는 것도 너무 하찮아 보일까 봐 잘 꺼내지 못했어."

"내가 부족해서 더 나은 결과물을 보여드리지 못하는 건 아닐까
걱정했던 적은 있긴 해."

Z   제 능력보다 과중한 업무를 해야할 때 많이 불안했어요.

"해야 할 일이 너무 많고, 그런데 혼자 해내야 하는 상황이었을 때
진짜 막막하고 힘들었어. 일정 급한 일에 스트레스를 엄청 받는
스타일인데 너무 중요한 일인 데다가 규모가 커서 해야 할 일도
너무 많고 이해관계자까지 많아서 총체적 난국이었지. 매일매일
야근하면서도 불안함의 연속이었어. 문제가 생기면 어떡하지, 빠
트린 게 있으면 어떡하지 하면서."

Z 아무래도 일의 방식이 이해되지 않을 때 따라가기 힘들었죠.

"의미 없다고 생각하는 일을 디테일하게 진행할 때 힘들었어. 인 풋 대비 아웃풋이 크지 않은데 시간을 잡고 길게 회의할 때 힘들 었어."

"J 성향인 내게 P 같은 업무 시스템이 맞을 리 없었고 이런 일을 꾸 역꾸역 해나가야 한다는 생각이 들어서 힘들었어."

"효율성을 강조하는 선배의 모습에서 종종 실망을 느끼지. 효율성 이 제1의 가치라면 이 회사를 오지 않았을 텐데."

Z 누군가를 파괴하는 일을 할 때면 나 자신의 일부를 잃어버리 게 될 것만 같아요.

"누군가에게 비인간적인 일을 해야 할 때 힘들었어."

Z세대가 원하는 업무

Z세대는 자기 손으로 무엇인가를 만드는 것을 선호했다. 조직에 직접 체계를 만들어 효율성을 높인다거나, 직접 프로젝트에 참여해서 기여하는 등, 직접 만들고 기여하는 감각이 느껴질 때 재미를 느꼈다. 맡은 업무를 마무리하고 성과를 낼 때도, 재미와 성취를 경험했다.

이어 자신이 만든 작업물에 대해 긍정적인 평가를 듣거나 인정을 받을 때도 신뢰감과 성취감을 느꼈다. 특히 내가 아니면 없었을 성과를 내었다고 인정받거나, 나만의 능력이 입증되었을 때 등 대체 불가의 감각에서 효능감과 자신감을 얻는 모습을 볼 수 있었다. 기존의 역할보다 더 중요한 역할을 맡았을 때도 자신의 성장을 인정받고, 조직 내에서 중요하게 여겨지고 있다고 인식했다.

업무의 방향성과 관련해서도 여러 긍정적인 경험을 했는데, 먼저 자신이 기여하는 일이 타인에게, 혹은 사회적으로 긍정적인 영향을 미치고 있다는 것을 확인할 때 동기부여를 받았다. 좋아하는 일을 한다고 생각할 때도 열의를 보였다. 업무지시의 측면에서는 방향성이나 목표가 명확한 업무를 받았을 때 편안함을 느꼈다. 업무 중 새로운 인사이트를 발견하거나, 성장을 느낄 수 있는 배움을 경험했을 때도 긍정적인 자극을 받았다. 특히 현장 파견, 해외 파견 업무에서 실제적 배움을 얻고, 동기 부여를 받았다고 답했다.

Q. 네가 회사에서 일을 할 때는 좋았던 점이 있었어?
신나서 일을 한다거나 그런 일!

Z 내가 하는 일이 다른 사람들에게 도움이 되는 것 같을
때 정말 기분이 좋더라고요.

"인턴 할 때 관심 있는 분야로 한 적이 있는데 내가 하는 일
이 사람들에게 도움이 된다고 느낄 때 신나게 했던 것 같아."

"다른 사람이 help 요청한 거 해결하는 걸 엄청나게 좋아
해. 쿨하게, 생색은 내면 안 됨."

"컨설팅을 많이 해서, 사람들을 많이 만나고 있어. 그 사람
들이 컨설팅 경험으로 자신의 일을 더 좋아하게 되고, 의미
를 느낄 때 참 기뻐!"

Z 내가 맡은 업무들을 잘 해냈을 때 다시 또 새로운 걸 할
힘이 났어요.

"작은 여러 개의 프로젝트를 진행할 때 하나하나 검수를
완료하고 프로젝트가 종료되면 기분이 좋더라. 성취감도
들고."

"멘토링 하면서 팀들이 성장하기도 하고 위기도 잘 극복해서 결국 좋은 성과와 활동을 이어 나가고 있어서 뿌듯했어."

"체계가 안 잡힌 일을 맡았을 때 비슷한 업무를 하는 다른 팀에서 어떻게 체계화해서 진행하는지 배워서, 주도적으로 체계와 관리 표를 만들어서 팀원들과 소통하며 진행했어. 그 결과, 체계 없이 했을 때보다 훨씬 효율적이었고 상사도 나를 믿고 일을 맡겨주시더라고! 체계가 없어서 힘들긴 했지만, 내가 주도적으로 없던 체계를 만들어가면서 성취감을 느낄 때 신나는 것 같아."

"인턴 동기랑 같이 프로젝트를 진행하면서 다른 멘토님께 피드백을 받았는데 칭찬을 들은 경험이 있어. '정말 열심히 노력한 흔적이 보이네요, 앞으로도 이렇게 하면 될 것 같아요.'라고 해주셨는데 더 열심히 참여할 수 있는 원동력을 얻었어."

Z 새로운 것들을 배워가는 감각을 좋아합니다.

"나는 대체로 요즘 즐겁게 일해 ㅎㅎ. 새로운 일을 배우는 것 자체가 흥미로워!"

"컴퓨터 속 문서만 쳐다보는 게 아니라 직접 현장에 나가서 일을 할 때, 물론 몸은 피곤하지만 훨씬 더 즐겁고 배우는 것도 많아서 기분이 좋더라고."

Z 주어진 일이 명확해서 제가 뭘 해야 할 지 분명해서 좋았던 기억이 있어요.

"나는 통계 자료집 제작이 생각나는데, 막 엄청 신나서 했다기보다는 힘들긴 했지만 뿌듯했던 업무였어. 일의 비중은 높았지만 나에게 주어진 일이 명확했고, 내가 책임감과 애정을 갖고 했던 일이거든. 이제 그 일이 거의 마무리되어가는데 열심을 다해서 그런지 너무 뿌듯해!"

Z세대가 어려웠던 관계

조직과 관련되어서 Z세대는 조직의 지향점이 자신의 가치관과 다르다고 느끼거나, 조직 내에 배우고 싶은 것이 없을 때 부정적인 감정을 느꼈다. 조직에 자신의 의견이 반영되지 않거나, 변화의 여지가 없을 때, 조직이 말하는 소통구조와 실제 체감하는 소통구조가 다를 때 강한 회의를 느꼈다. 마음을 나눌 안전한 관계가 없을 때에도 조직 내에서 외로움을 느꼈다.

상사와 관련되어서는 커뮤니케이션과 태도에 대한 이야기가 주를 이루었다. 상대방의 기분을 고려하지 않는 듯한 느낌을 받거나 공감하지 못한다는 생각이 들 때 소통의 단절을 느끼고, 존중받지 못하는 감각을 느꼈다. 명확하지 않은 업무 지시를 받았을 때 막막함을 호소했다.

한편 자신은 되고 후임은 안되는 내로남불의 태도, 공정하지 않은 태도를 보여줄 때 실망하기도 했다. 앞에서의 행동과 뒤에서의 행동이 다르다든지, 명확하지 않은 업무 스타일을 가져서 예측이 안된다고 생각할 때, 상사와의 관계에서 혼란을 느꼈다. 상사가 자신의 실수를 용서해 주지 않았을 때 깊이 위축되기도 했다. 이어 상사가 회사의 가치와 다른 가치를 좇는 등 업무에서 진정성을 느끼지 못했을 때 실망감을 보이기도 했다.

동료와의 관계에서는 동료가 조직의 규율을 지키지 않았을 때, 공정하지 않다는 생각과 함께 약속을 어긴 것에 대해 부정적 감정을 느꼈다. 동료가 자신을 무시한다는 생각이 들 때 존중받지 못하는 느낌을 받았다.

Q.

회사를 다니면서 네가 힘들었던 관계는 누구와의
관계였어?

Z

부하직원도 상사와 다르지 않은 사람이에요. 인격적으
로 대우 받지 못했던 게 커요.

"내 사수가 퉁명스럽게 대답할 때 뭔가 맘이 쓰이는 거 같
아. 내가 뭐 잘못했나? 근데 그냥 그 사람 기분이 그날 메롱
인 거 더라고."

"힘들어도 열심히 하려 애쓰고 있는데 머리 왜 달고 다니냐
는 소리 들었을 때가 제일 힘들었던 거 같아."

"상대의 기분을 생각하지 않고 공감하지 않는 전 상사가 힘
들었어."

Z

당장은 저랑 웃으며 인사하지만 속으론 저에 대해 평가
를 내리고 있을 것 같네요.

"내가 계약직이다 보니, 계약연장 및 정규직 전환에 가장
신경이 많이 쓰이는 것 같아. 그렇기 때문에 그것을 결정할
수 있는 사람들과의 관계가 가장 힘들고 어려워."

"고객들의 평가 하나하나가 사업에 큰 영향을 끼친다고 생각하니까 대하기가 엄청 어렵더라고."

Z　**문제를 해결할 의지도 없고 거기에 동화되어 가는 나도 다 답답한 거죠.**

"문제점이 있어서 그것을 바꾸려고 내 나름대로 암만 노력을 해도, 상관에게 말을 해도 바뀌지 않는다는 거. 모두가 잘못된 것을 알고 있지만 바뀌려고 하지 않는 것. 그게 조금 힘들더라. 에라 모르겠다 하는 문화에 적응해 가는 나도 싫고."

Z　**친근하고 편하게 지낼 사람이 없어서 힘들었어요.**

"마음 둘 동기가 없었다는 점이 초반엔 힘들었어. 일하다가도 오 분 짬 내서 이야기를 한다거나, 커리어를 같이 고민할 수 있는 동기가 없는 게 힘들었어."

Z 내로남불은 못참겠어요. '너는 되고 나는 안돼'만큼 어이없는 게 또 있을까요. 공정하지 못해요.

"지금 회사 말고 예전에 첫 번째 회사에 다녔을때 사수가 이상한 사람이었어. 자기는 되고 나는 안되는 이기적인 사람이어서 피곤했어. 자기는 근무 시간에 2~3시간 딴짓해도 괜찮고 내가 일 때문에 10분 자리 비우면 뭐 때문인지 꼬치꼬치 캐묻고 근무 일지도 시간별로 작성해서 내라고 하더라."

"난 책임감을 좀 과도하게 느끼는 편인데 그걸 이용해서 나에게 임무를 떠넘기실 때 좀 힘든 거 같아."

Z 어리다고 무시하지 말아욧!

"내가 상대적으로 너무 어리고 배경지식이 없다 보니 무시하는 듯 말하는 사람들이 있었어. 자존감이 바닥나는 느낌이었달까."

Z세대가 좋았던 관계

Z세대가 경험한 관계를 크게 조직, 상사, 동료로 정리해보았다. 먼저 조직과의 관계에서 좋았던 경험은 모두 인정과 관련되어 있었다. 조직 개선에 힘을 써준 것에 대한 인정을 받는다거나, 공개적으로 어떤 성과에 대해 인정받을 때, 혹은 금전적인 보상이 올라갈 때 조직에 감사함을 느꼈다. 나의 관심사와 맞닿은 업무를 배정받을 때도 배려를 느꼈다.

상사와의 관계는 관심, 공감, 인정, 안전함, 이해, 배움으로 정리할 수 있다. 먼저 친근하게 다가와 주고 신경 써주는 느낌을 받았을 때 상사의 깊은 배려를 느꼈다. 듣는 사람의 입장을 생각해 보고, 어려워하는 부분에 팁을 줄 때, 그리고 자신을 진심으로 인정해 주고 성장에 관심을 가지는 상사에게도 감동과 깊은 연결을 느꼈다. 자신이 실수했을 때에 감싸주는 등 실패해도 안전한 환경을 만들어 주는 상사에게도 지지와 신뢰를 보냈다.

배우고 싶은 상사에 대한 언급이 많았는데 직급과 상관없이 사람을 존중하는 상사, 회사가 지향하는 가치대로 진정성 있게 일하는 상사 등 태도적인 면부터, 업무적으로 뛰어난 상사와 같이 능력적인 면까지 배우고 싶은 점을 발견했을 때 관계에 대해 긍정적인 인식을 확인할 수 있었다. 동료도 역시 공감, 배움, 인정에 대한 욕구로 정리해 볼 수 있었다. 특히 공감의 측면에서 긍정적인 경험을 이야기해 주었는데, 같은 처지에 있는 동료와의 연결에서 공감과 위로를 받고, 먼저 다가온 동료 덕분에 일터에서도 편안함을 느끼기도 했다. 특히 이들의 관계는 서로 성장하는 느낌을 받을 때, 서로 인정해 줄 때 더 깊은 연결을 느끼는 것으로도 보였다.

Q. 그래도 회사를 다니길 잘했다고 느끼게 해주었던
사람도 있었다면, 그 사람은 어떤 사람이었어?

Z 먼저 다가와 주시고 따뜻하게 표현해 주시는 분들은 생
각만 해도 여전히 감사한 것 같아요.

"사소한 부분을 잘 챙겨주시는 분이 있어. 장난도 잘 치시
고 덕분에 즐겁게 일할 수 있었던 것 같아."

"우선 고맙다, 수고했다 이런 표현을 많이 해주고 내가 일
로 인해 어떤 것을 느끼고 있는지, 어떤 것을 더 배우고 싶
은지 고민하게 해주는 사람이야. 지금 사수 덕분에 감수성
있게 일을 배워가고 있어."

"내가 어떤 일을 해결했을 때 나 덕분에 살았다고 기뻐해
주시던 상사분들은 떠오르네. 그렇게 칭찬받으면 다른 것
에서도 다 잘하고 싶은 기분이 들어. 칭찬을 아끼지 않던
상사들이 떠오르네."

Z 먼지 같은 제게 마음 써주시고 실패해도 안전할 수 있도록 애 써주신 분들이 있기에 지금의 제가 있다고 생각해요.

"사수분이 나보다 먼저 저런 일들을 겪어 봤고 어떻게 해야지 좀 빠르게 완화할 수 있는지 알려주고 기분 안 좋아 보이면 커피라도 한잔하라고 밖으로 꺼내주거든."

"아무것도 모르는 나를 붙잡고 하나씩 다 알려주시고, 다른 사람들과 다르게 나를 믿고 이 일 저 일 맡겨주셨어. 내가 칭찬받으면 본인이 더 뿌듯해하시고 말이야. 정말 소중한 인연이야."

"팀장님은 항상 배려해 주셔 실수해도 화를 내시기보다 지금 이 상황을 어떻게 해결해야 할지를 먼저 생각하시는 분이야. 여태껏 버텼던 것도 그런 생각으로 버텨온 것도 있는 것 같아."

Z 저뿐만 아니라 팀원 한 분 한 분들이 성장할 수 있도록 서로 도와주는 성실함?

"회사에서 만난 모든 사람이 좋았지만, 특히 나의 관심사나 성향을 잘 알아주시고, 나와 어울리는 일을 주시는 분이 계셨어. 내가 몇 배로 성장할 수 있게 도와주셔서 너무 감사해."

"대표님을 보면서 나도 나중에 크면 저런 리더가 되어야지 늘 꿈꿔! 섬세하고 좋은 질문으로 모든 회사원을 대해주셔. 그래서 매 순간 배우며 성장해."

"내 관심 분야를 고려해서 업무를 배정해 주시는데 그럴 때 감사하고 좋아."

Z 좋은 일을 하려고 모였는데 일하는 사람들은 갈리기도 하잖아요. 선배는 과정에서도 진정성 있게 하려 해주셔서 감사했어요.

"(효율성이 1순위인 선배와 달리) 또 다른 선배는 이 회사의 존재의의를 느끼게 해줘서 감사해."

Z 아무래도 서로 신뢰하는 관계가 있는 게 크죠.

"나와 친구처럼 편하게 대해주고 끝까지 챙겨준 여러 사람이 생각나. 늘 고맙게 생각하고 있어."

"물어봐 주는 사람. 일이 일상에 차지하는 비중이 큰데 실은 회사에서는 일만 하곤 하잖아, 그런데 그 사람은 물어봐 줬어."

"고민을 얘기하면 공감을 해주면서도 핵심을 짚어내는 능력으로 적절한 해결책도 제안해 주는 동료가 있어. 근데 해결책보다는 공감해 주는 과정에서 위로와 격려를 받은 게 가장 큰 듯 해."

mini column

마법의 램프 지니에게 넘기고 싶은
Z 세대의 세 가지 질문

이 . 제 . 왜 .

Z세대가 조직에서 가장 많이 한다는 질문 세 가지

" 이걸요?

제가요?

왜요? "

이런 질문들을 받을 때면 여유 만만한 미소를 띤 얼굴로 "아, 그건 말이죠." 하며 멋진 답을 건네고 싶지만, 빠르고 치열한 업무 현장의 속도와 압박감 속에선 말문이 턱하고 막혀버리고 만다. 사실 물어볼 수 있다면 자신도 누군가에게 묻고 싶은 질문이기에 왜 이걸 내가 답해야 하는 거지 하며 억울한 마음이 들 때도 있다.

하지만 어쩌겠는가? 나는 이제 조직에서 질문을 하기보다는 받는 위치가 되어 버렸고, 이미 질문의 공이 넘어왔다. 이젠 답변이란 공을 넘길 차례. 좋은 답변을 하기 위해선 질문에 담긴 진짜 의도를 파악하는 것이 인지상정. 세 가지 질문에 담긴 Z의 속마음을 해석하자면 이렇다.

이걸요?

아! 새로운 업무다. 예상하지 못했던 상황이라서 너무 당황스럽다. 이건 어떤 업무인지 이해도 파악도 되지 않는다. 내가 이 업무를 해낼 수 있을까?

제가요?

혹시 실패하거나 잘 해내지 못하면 어쩌지. 이 많은 직원 중에 굳이 내가 이 업무를 한다는 것이 어떤 의미인지 알고 싶다. 나의 성장, 나의 역량과 관련되어 있을까?

왜요?

이 일에 대해 이해가 잘되지 않는다. 납득되지 않으니, 이걸 꼭 해야 하나 싶은 마음이 들어서 이 일을 하는 이유와 맥락에 대해서 물어보고 싶다.

Z세대는 일을 실수 없이, 실패 없이 잘 해내고 싶다.

이건 모든 직장인이 같은 마음 아니냐고 생각할 수도 있다. 하지만 사회초년생으로서 이제 막 조직이라는 새로운 사회에 적응하고 있다는 점, 학교라는 시스템 속에서 평가받던 위치가 익숙하기에 업무의 평가를 곧 자신에 대한 평가로 인식해 상처받기 쉽다는 점, 아직은 업무의 전체적인 구조와 흐름이 보이지 않기에 이 업무가 전체 흐름 속에서 어떤 의미가 있는지 스스로 알기 어렵다는 점을 생각해볼 때, 연발탄처럼 날아오는 세 질문은 "아직 낯선 환경 속에서 맡게 되는 생경한 업무를 자신이 과연 잘 해낼 수 있을까"에 대해 느끼는 긴장감으로 인해 쏘아 올려졌다는 것을 알 수 있다.

그렇다면, 우리는 어떤 말을 해야 할까?

다음번에 물어보면 뭐라고 이야기해야 하지 고민한 적이 있는 가? 여유만만 미소 장착한 상사가 되지 못해서 아쉬웠는가?

선빵을 날릴 수 있는 선택권이 우리에게 있다.
물어보기 전에 먼저 그들의 속마음을 읽어주고
요청하는 업무의 맥락을 충분히 설명해 주는 것이다.

첫째, 새로운 업무로 인해 받을 두려운 마음을 먼저 읽어준다.

"나 때는"을 말했다가 "라떼"가 될까 봐 말을 아끼지 말고 "나도 처음엔 그랬었다"라고 지금의 어렵고 두려운 감정에 대해 있는 그대로 공감해 주자. 자신이 이해받고 있다는 생각이 들면 불필요한 긴장감을 내리고 당신의 설명에 귀를 기울일 것이다.

"이 업무는 처음 해보는 업무라서 어떻게 해야 할까 걱정되실 것 같아요. 저도 처음에 들어오자마자 이 업무를 맡았었는데 어디서부터 시작해야 할지, 잘할 수 있을지 막막하더라고요."

둘째, 이 업무를 다른 그 누구도 아닌 당신에게 요청하는 이유를 설명한다.

전체적인 조직 구조 속에서 당신이 어떤 역할로 필요한지 혹은 이 업무가 당신의 성장과 어떻게 연결될 수 있는지를 함께 알려 준다. 특히 세심한 관찰을 통해 파악한 그 사람의 장점과 업무의 내용을 연결해서 함께 설명해 준다면 더 힘차게 일에 착수할 것이다. 그리고 이 일을 어떻게 진행하면 될지 간단한 가이드라인도 함께 준다면 Z세대 특유의 빠른 속도감으로 일을 진행할 것이다.

"지금 제가 기획안을 쓰고 있는데요. 인사이트 부분의 자료가 아직 덜 채워진 상태거든요. 지난번 업무하실 때 보니, 전체 보고서 속에서 핵심 인사이트를 빠르게 잘 찾으시더라고요. 저희 자료 폴더 속에서 제가 찾고 있는 키워드 "진정성"에 관련된 내용들을 좀 취합해주시겠어요? 제목과 간단히 한 줄 설명을 엑셀 파일로 보기 쉽게 정리해 주시면 함께 작업하기 더욱 편리할 것 같아요."

셋째, 이 업무가 전체적인 조직의 맥락 혹은 업무의 맥락 속에서 왜 필요한지, 어떤 의미가 있는지, 구체적으로 어떻게 활용될 것인지에 대해서 설명한다.

"왜요?"라는 이 짧은 문장에 덜컹 심장이 내려앉은 적이 한 번쯤은 있을 것이다. 자주 들어본 적 없기도 하고, 사실은 쉽게 대답하기 어려운 까다로운 질문이어서 그렇다. 이 질문을 피하고 싶다면 먼저 그 "왜"에 대해 차고 넘치도록 설명해 주자. 특히 조직의 전체적인 맥락과 업무의 전체적인 흐름이 보이지 않는 입장에선 정말 "왜 그래야 하는 것인지"에 대한 궁금함으로 순수하게 묻는 질문일 수 있다. 왜 이 업무가 필요한지와 함께 이 업무가 구체적으로 어떻게 활용될 것인지에 대해서 설명해주고 충분히 납득시킨다면 어느새 그 일의 주인이 되어 마무리하는 모습을 보게 될 수도 있다.

"올해 우리 회사가 주목하는 주제는 청년이잖아요. 이 프로젝트가 청년을 다룬 주제인 만큼 올해 저희 회사의 방향성에 크게 영향을 미칠 것 같아요. 프로젝트를 마치고 나면 회사의 레퍼런스로써도 활용이 될 것 같고요. 회의하는 시간이 이 프로젝트를 위한 것 같아 보이지만 사실은 회사를 대표할 수도 있는 프로젝트를 만드는 것과 관련이 있기도 해요."

지금쯤 이 글을 읽으며 무슨 일 하나 시키려고 이렇게 구구절절 설명해야 하나 싶은 마음이 들 수 있다. 또, 냉정하게 현실을 말하자면 이런 수고가 통하지 않는 사람도 상황도 분명히 있을 것이다. 만약 자신의 긴장과 불안도 해결하지 못한 상태라면 누군가의 불안을 깊이 헤아린다는 것은 그냥 불가능하다. 그러나 지도를 보고 길을 따라가면 헤매는 시간과 에너지를 줄일 수 있듯, 우리와 함께 일하는 이들이 덜 헤매어서 시간과 에너지를 아낀다면 결국 우리와 함께 나눌 수 있는 것이 많아진다. 운이 좋다면 정성이 담긴 설명에 동기부여가 되어 도착지까지 힘차게 걸어가는 모습을 보게 될지도 모른다.

그런 장면은 우리에게도 미묘한 뿌듯함과 함께 기분 좋은 자극을 줄 것이다. 정말 그런지 아닌지, 당신이 있는 그 현장에서 한번 실험해 보시라.

혹시 아직도 여전히 억울한가? 우리가 이런 위치가 되어 Z세대를 맞이하게 될 줄 몰랐던 것처럼, 그들도 아직 모르겠지만 Z세대보다 무섭다는 알파세대가 그들에게 다가오고 있다.

Force be with them . . .

Features of generation XMZ
X, M, Z세대의 특징

우리의 연구는 Z세대뿐 아니라 밀레니얼과 X세대까지 여러 세대의 FGIFocus Group Interview를 했다.

여러 세대를 만나다 보니 그들의 진솔한 이야기에 녹아 있는 청년 시절은 지금의 사회 분위기와 굉장히 달랐다. Z세대에게 당연한 것들이 다른 세대에겐 당연하지 않은 것들이었고, 각 세대에게 당연한 감각이 Z세대에게는 없었음을 발견했다. 세대는 무 자르듯이 자를 수 없듯이 세대의 특징 또한 완전히 분리된 것이 아니라, 어떤 감각들이 진해지고 흐름이 강해졌다. 우리가 FGI와 온라인 서베이를 통해 발견한 세대별 감각들을 소개하려 한다.

자의식

X세대 : 시작
M세대 : 자기 발산
Z세대 : 자기 몰입

흔히 X세대는 사회에 대항하며 자기 자신을 드러낸 첫 세대라고 한다. 그 전 시대까지는 공통의 담론이 있었다. 도덕에 대한, 직업적 성

공에 대한, 사회적 규범에 대한, 대중문화에 대한 하나의 세계관이 주를 이루었다. 누구나 인정하는 주류 문화와 인디 문화가 있었다. 그러한 사회에 젊은 X세대는 그 틀을 깨기 시작했다. 당연하게 여기는 문화에 반기를 들어보고 질문하고 깨뜨렸다. 당시 X세대는 신인류였다.

M세대는 자기 자신을 더욱 드러내며 세상을 무대로 여기며, 무대가 없는 곳에선 무대를 만들어 자신의 끼와 능력을 발산한다. 내가 잘하는 것을 드러낸다. 또한 자신이 재미있는 일에 몰입하며 즐거움을 동력으로 일을 한다. M세대가 일터에서까지 자신을 드러내며 일을 하기 시작했다면, Z세대는 실속 있는 것을 추구하며 때론 그것을 위해 자신을 드러내지 않기로 선택한다. 세대가 갈수록 자기 자신에 대한 가치가 높아지며, Z세대에 이르러서는 그간의 양상과는 다른 양상까지 보인다. 이제는 주변이 어떤 것과는 별개로 자기 속으로 들어간다. 더욱 자기몰입적이며 드러나는 모습은 내향적이다. 또한, X세대부터 사회에 개인을 맞추는 것이 아니라 개인을 있는 그대로 인정해 주려는 움직임이 시작되었고, 이 흐름은 짙어져 가고 있다.

X세대: 시작

"그냥 대중문화 자체가 약간 기존의 엄숙주의를 던지고 깨부수는 분위기가 있었어요. 일원화된 사회가 답답하니까 일단 깨보자. 그래야 내가 원하는 방향으로 조금씩 가겠지 생각했던 것 같아요."

M세대: 자기 발산

"저희(밀레니얼)는 자기 자신을 드러내면서 자신에게 몰입하는 스타일이라면 Z세대들은 좀 자기 안에 깊이 판다고 해야 하나요. 밀레니얼들은 판을 벌이는 기질이 있잖아요. 그런 걸 즐기기도 하고요."

Z세대: 자기 몰입

"수많은 인간관계 속에 놓여 있지만 그것이 나 자신을 지켜줄 수 없다는 것을 알기 때문에 나는 나 자신과의 관계에 집중하고 있어."

"나는 '나'라는 사람이 제일 어려운 것 같아. '나'라는 이와의 관계는 평생 끌고 가야 하는 거잖아. 장기전인데, 이를 포기하면 살아갈 이유가 사라지더라고. 그래서 계속해서 '절실하게' 잡고 있어. 놓지 않으려고 하고. 나한텐 '나' 자신과의 관계가 제일 중요하기도 하고."

"일단 나는 나랑 하루 종일 붙어있으니까 나 자신에 대해 끝없이 생각하게 돼. 나를 미워하고 자책하고 깎아내리다가도 또 보듬어 주고 용서하고 칭찬하고 동기 부여해 주고 혼자 북 치고 장구 치고 다해. 이 세상에 나 자신만큼 나를 사랑해 줄 사람은 없다고 생각하거든 내가 남에게 별 관심 없듯이 다른 사람이 나에게 이만큼의 관심과 사랑을 쏟기는 불가능한 일이라고 생각해서 나를 아껴 주려고 노력하는 편이야. 부작용은 남에게 너무 무관심해지더라."

다양성

X세대 : 시작

M세대 : 획득

Z세대 : 장착

또한, X세대부터 개인을 사회 규범에 맞추는 것이 아니라 그 사람으로서 인정해달라는 저항이 시작되었다. 개인을 존중하는 경향은 사회의 다양성에 대한 지지이기도 하다. X세대는 다양성을 시작하기 위해 투쟁했다면, 시간이 지나며 Z세대에게 다양성은 당연히 주어져야 하는 감각으로 장착되었다고 할 수 있다. X세대가 시작했고, M세대는 획득했고, Z세대는 장착되었다

평가 시스템/다원화

X세대 : 학력고사
M세대 : 수학능력 평가 / 여러 번의 정량적 시험
Z세대 : 수학능력 평가 + 여러 번의 정량적 시험+
정성적 학교생활(독후감, 수업 중 태도, 동아리 활동 등)
+ 교내외 대회 + 입학사정관의 평가

평가와 경쟁, 비교와 우열의 감각은 사람의 본성 중 일부를 강하게 건드려 쉽게 동기 부여시킬 수 있는 제도다. 언제나 어디서나 그래왔다. 그렇기에 여러 시대와 나라의 공교육은 평가와 경쟁, 비교와 우열의 감각을 주무른다. 나에 대한 평가는 곧 내가 받을 사회적 보상과 연결이 된다. 그러한 평가에 관해 이야기하는 것이다. 세대마다 어떤 평가 시스템 안에서 자라왔는지 살펴보고자 한다. 특히, 경쟁이 치열한 대입 평가 시스템을 비교해 보고자 한다.

X는 3년간 공부하며 그간의 실력을 검증할 시험, 학력고사를 본 후 성적에 맞는 대학에 입학한다. M 역시도 3년간의 공부를 하나의 시험으로 평가받는 것이 대부분이었다. 그러나 이때부터 대입에 새로운 제도가 시작되었다. 바로, 학교 내 점수의 합산이었다. 매 학기 중간/기말 평가를 통해 쌓인 성적으로 대학을 지원할 수 있었다. Z부터는 본격적으로 수능 외의 다른 길들이 열렸다. 수능, 내신[6]으로 대학에 가는 길뿐만 아니라 나의 3년간의 학교생활기록부로 대학에 평가받을 수 있었다. 학교생활기록부에는 그간의 성적뿐 아니라 교

----
[6] 매학기 중간/기말 평가를 통해 쌓인 성적

내외 수상 기록, 3년간의 독서 기록, 3년간의 나의 진로 희망 사항, 각 학기마다의 각 과목 선생님의 정성적 평가, 담임선생님의 정성적 평가, 학교 내 동아리 활동 등 학교생활의 모든 것이 들어간다고 보면 된다. 또, 이제는 학생들이 문·이과가 통합되며 기존보다 더 통합적이고 복잡해졌다.

시간이 지남에 따라 평가 시스템이 점점 다원화되어 가고 있다. 물론 평가가 다원화 되어감에 따라 각각의 학생들의 잠재성과 가능성을 찾아줄 수 있다. 그러나 역효과 또한 있기 마련이다. 학교, 선생님의 재량에 따라, 성향에 따라 학생부의 정성적 내용이 달라질 수 있다. 또, 학교마다 생활기록부를 읽고 선별하는 입학사정관의 관점에 따라 나의 합격 여부가 달라질 수 있다고 느끼는 평가 시스템이다. 그렇기에 평가 시스템에 대해 불신감을 느끼는 학생들도 적지 않다. 또한, 과목 선생님들과의 관계 또한 하나의 평가 요소가 되니 학생들은 관계에서조차 자신에 대해 적고 있을 선생님에 대한 불안감과 긴장감이 기본 정서로 갖게 된다.

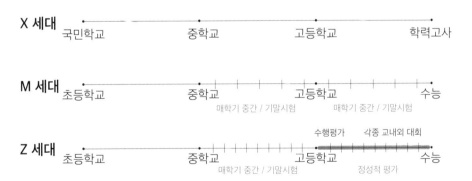

정보 수집 방법

X세대 : 직접 경험 위주
M세대 : 직/간접 경험
Z세대 : 간접 경험 위주

정보의 원천 또한 많은 부분 이동했다. 내 주변의 사람들 혹은 당장 우리 동네, 우리 학교에 있는 도서관이었다. 그러나 이제는 각자 자기만의 PC로 키워드 몇 개의 조합이면 원하는 정보를 찾을 수 있다. 가장 큰 이유는 역시 기술이 발전했다. 디지털이 생기고, 심지어 그 디지털에 인터넷이 연결되어 세계 각지의 사람과, 정보와 늘 연결되어 있다.

원하는 정보를 빠르게 얻을 수 있지만 장단점이 있다. 인터넷이 없었던 시절엔 정보를 얻기 위해선 내 주변의 사람들이 중요했다. 또, 직접 그곳에 가보아야 했다. 가서 그곳의 사람들을 만나야 했다. 그렇기에 새로운 것을 배우기 위해선 새로운 현장에 갔다. 그러나 이제는 자신의 방, 책상 위에서 온 세계와 연결된다. 눈과 귀를 사용하여 세계를 여행하기도 하고, 만나본 적 없는 누군가와 짧게 연결되기도 한다. 무언가를 배우지만 현장에는 가본 적이 없다. 여가 또한 방 안에서 스크린을 통해 보고 듣는 시간이 길어지고 잦아지고 있다.

X세대: 직접 경험 위주

#개척정신 #일단 해보자 #그다음엔 뭐가 있을까

"인터넷이 없었기 때문에 유학을 간다는 것이 어떤 것인지. 당연히 제 주변에는 유학을 갔다 온 사람이 없고요. 공부를 업으로 삼는다는 게 어떤 것인지 누구도 저한테 알려준 사람도 없었고 알 방법도 그렇게 많지 않았어요. 그냥 환상을 가지고 간 거죠."

"저희 세대는 정보의 원천이 굉장히 단순했잖아요. 부모나 형이나 친구나 아니면 선생님이나. 그들과 관계를 유지하지 않고는 정보를 알아내기 정말 어려웠죠. 내 자원으로 삼기 위해서는 장기적인, 돈독한 관계가 필요한 세대가 아니었나. 그런데 요즘에 부모보다 네이버가 훨씬 더 똑똑하고, 꼭 친구한테 안 물어봐도 혼자서 얼마든지 정보를 검색해서 알아낼 수 있게 된 거죠."

Z세대: 간접 경험 위주

#정보과잉 #나도 알아요 #기대할 남은 공간이 없어요

"누워서도 유학 생활 Vlog를 계속 보다 보면 가고 싶었던 마음이 덜해져요. 물론 제가 직접 경험하지 않은 건 아는데, 가면 이렇겠구나 싶어서. 딱히 어디 가고 싶다는 생각은 안 드는 것 같아요. 완벽한 삶은 없다는 걸 알아도, 노력과 비용을 들여서 넘어가면 그 다음은 저런 거구나 알아버리니까 그걸 위해 그렇게 노력할 만큼 기대가 잘 안 돼요. 저걸 위해 이렇게 열심히 달릴 수 있을까 싶은 거죠."

공동체/커뮤니티

X세대 : 깊은 유대감과 진한 공동체성을 공유하는 커뮤니티
M세대 : 나의 성장을 만드는 우리의 커뮤니티
Z세대 : 탁월한 개인으로서의 성장을 위한 커뮤니티

이제 공동체라는 말은 사라지고 있다. 공동체는 무겁고 부담스러우니 커뮤니티라는 단어를 사용하는 게 좋다고 표현한 이도 있었다. 이것 또한 변화의 사인 혹은 이미 나온 결과이다. 각 세대는 어떤 공동체 혹은 커뮤니티를 경험해 왔을까. 다시 말해, 어떤 방식으로 함께 했고, 그 경험은 어떠했을까.

X세대는 안전하고 가족 같은, 끈끈한 연결감과 소속감을 느낄 수 있는 공동체의 경험이 어렵지 않게 있었다. X세대의 청소년기, 청년기는 문화적으로도 부흥기를 경험한 세대다. 그 당시의 사회문화는 공동체 중심 문화가 비교적 많은 분야에서 자리하고 있었다. M세대를 지나 Z세대까지 현재의 청년들의 모임 문화를 살펴보면, 값을 지불하여 함께 배우는 지식공동체나 비슷한 취향의 사람들끼리 어떤 문화나 분야를 즐기며 깊이 알아간다. 이는 혼자 하기 어려운 것들을 조금 더 쉽게 서로 동기 부여하며 가기 위함이다.

이로써 알 수 있는 것이 있다. 공동체란, 내가 어떤 사람이든 그 안에서 소속감과 동질감을 느끼며 함께 가는 사람들의 모임이다. 커뮤니티란, 서로 역량을 키워주는 네트워크다. 비슷해 보이지만 다르다. 공동체의 가장 처음 목적은 함께 살아가는 그 자체지, 서로의 역량을 키워주는 것이 아니다. 그렇기에 X세대는 공동체 지향적으로

사회를 바라보며, 공동체 그 자체는 자연스럽게 개인의 역량을 강화해 주기도 하는 사회로 바라본다. 이들은 각자의 경험을 바탕으로 자연스럽게 인지하고 있다.

X세대 : 안전하고 깊은 공동체 경험

"교회 공동체가 엄청 안전했고 학교 분위기는 되게 좋았고 그래서 지금 돌아봐도 굉장히 행복한, 감사해요. 제가 지금의 20대들에게 뭔가를 주고 싶은 마음이 드는 건 제가 되게 행복했던 20대 대학 생활을 했기 때문에 좀 크다는 생각이 좀 들어요."

"우리 교회 친구들이 아주 좋았던 것 같아요. 형제들처럼. 그러니까 친형제나 가족에게 이야기 못 하는 것들을 이 친구들하고 서로 깊이 나눌 수 있는 관계도 생겼죠. 제 성향상 굉장히 막 이렇게 잘 어울리거나 큰 공동체를 좋아하거나 사람들과의 관계를 소중히 여기는 그런 성격이 아닌데도 그런 거죠."

Z세대 : 탁월한 개인, 지속 가능한 나를 위한 커뮤니티

"되게 열정 넘치고 자신의 성장을 추구하는 사람들이 모여 있는 그런 커뮤니티에 저를 초대해 줘서 거기에 있는 다양한 사람들로부터 좋은 동기부여를 많이 받게 돼요. 그래서 그 동기부여를 받은 걸 바탕으로 다양한 활동을 하게 되다보니까 나 꽤 나쁘지 않게 살아왔다는 걸 느끼게 되네요."

"일요일 날 8시 밤 8시가 되면 디스코드를 켜서 일주일의 일과를 서로 피드백해요. 그리고 이번 주 계획은 이럴 거야라고 공유해요. 그리고 월초, 월말에 서로에게 피드백해 주어요. 서로 각자만의 리추얼로 자리 잡은 클럽이죠. 이렇게 6명 정도 되는 사람들이 디스코드를 켜서 만나고, 가끔은 만나서 이야기해요."

ZEZE, The virtual Gen Z
Z세대 청년, 제제의 성장기

연구를 진행하기에 앞서 가장 먼저 Z세대의 삶을 직접 들어보고 싶었다. 우선 연구원 주변에 있는 Z세대들로부터 FGI(Focus Group Interview)의 형태를 빌려 자세한 이야기를 들어보기로 했다. 학교에 다니고 있는 청년, 취업을 준비하고 있는 Z세대와 함께 1차 FGI를 진행하였고, 과거 일 경험 있는 Z세대, 현재 다양한 분야에서 일하고 있는 1년 차 신입사원 Z세대를 모아 2차 FGI를 진행하였다. 만나는 한명 한명이 놀랄 정도로 깊고 솔직하게 자신의 삶을 나눠주었다. 어떻게 이 소중한 이야기들과 그 속에서의 발견을 전달할 수 있을까 고민하다가, 인터뷰에 참여했던 청년들이 풀어준 것처럼 '제제'라는 한 청년의 이야기로 풀어내 보기로 했다. 이 이야기는 어쩌면 일상에서 만나는 많은 Z세대 청년들의 이야기일 것이다.

EARLY
CHILDHOOD
유아기

제제의 부모님은 X세대이다. 수평적인 소통을 지향했던 부모님 밑에서 자란 제제는 부모님과 친구처럼 반말로 대화하며 자랐다. 부모님이 두 분 다 일하시는 탓에, 제제는 할머니와 시간을 보내거나 어린이집, 학원으로 보내진다. 부모님이 퇴근하기 전까지 제제는 할머니와 따뜻한 추억을 쌓기도 하고, 혼나는 것이 무서워 숙제를 하기도 했다. 부모님과 친하면서도 조금은 떨어져 있는 어린 시절을 보냈다.

#맞벌이부모
#할머니
#어린이집
#유치원

"부모님은 두 분 다 일을 하셨기 때문에 낮에는 만날 수 없었어요. 어린이집이나 유치원에서 지냈던 기억이 나요. 할머니가 항상 저를 어린이집이나 유치원으로 데리고 오가 주셨어요. 할머니께서

엄마가 오기 전까지, 밥도 해주시고 함께 주변을 산책하기도 했죠. 그래서인지 할머니가 오히려 엄마, 아빠보다 더 편하게 느껴졌어요. 그래도 엄마 아빠가 보고 싶었어요"

#친구같은 부모님
#X세대부모

"저희 부모님은 친구 같은 부모님을 지향하셨어요. 주말에 아버지와 같이 놀이동산을 가거나, 자전거를 타기도 했어요. 어머니와도 시간이 날 때마다 집에서 함께 책을 읽고 이야기도 했답니다."

#학원 #평가 #숙제

"초등학교에 들어가고 나서는 학원을 더 많이 다니기 시작했던 거 같아요. 학교가 끝나고는 피아노, 태권도, 미술, 영어, 수학 등 이런저런 학원에 다녔어요. 태권도는 재미있었는데, 피아노 학원은 엄마가 시켜서 한 거라 하기 싫었던 거 같아요. 점점 학년이 올라갈수록 영어랑 수학 등 학교에서 시험을 보는 것 위주로 다녔는데, 여기저기 다니다 보니 숙제가 너무 많았어요. 집에 오면 숙제해야 하고, 안 하면 혼났고요. 그래서 어느 순간부터는 학원 가기가 싫었어요. 학원은 시험을 보거나, 다시 숙제를 받아오거나, 숙제를 못 해서 혼나는 곳이니까요."

ADOLESCENCE
청소년기

제제의 청소년기에는 세월호와 국정농단이라는 두 번의 큰 국가적
사건이 발생했다. 이 두 번의 사건을 겪으면서, 제제는 은연중에 '어
른들의 말이 다 맞는 것이 아니라는 생각'과 '내가 나를 지켜야 하고,
지키려면 알아야 한다는 생각'을 하게 되었다. 미래에 대한 고민을
시작하면서 진로를 정해야 한다는 압박을 느끼기 시작한다. 그러나
내 선택에는 내가 책임지며 살아야 한다는 생각에 쉽게 정하지 못한
다. 기회가 많아진다는 말에 '좋은 대학에 입학'이라는 목표를 정하
고 대입을 준비하기로 한다.

　제제의 학창 시절은 평가의 연속이었다. 중간, 기말 등 정기 평가
와 모의고사처럼 정량적인 평가를 계속 받아왔고, 동아리 활동이나
일상생활도 '특별활동', '생활태도' 등의 정성적인 평가로 모두 생활
기록부에 기록되었다. 제제에게는 함께 공부하는 친구들도 대입의
입장에서는 경쟁자였다. 수많은 객관적, 주관적 평가가 제제의 모든
내적 외적 선택에 영향을 주었다.

"시간이 지나 고등학생이 되었을 때는, 모두가 미래에 대해 이야기를 하기 시작했어요. 유명하고 좋은 대학에 가야 한다고 선생님이든 부모님이든 말씀하셔서인지, 아니면 동네 분위기 때문인지, 은연중에 '나는 좋은 대학에 꼭 가야 한다. 가고 싶다' 생각했었어요. 기회가 줄어든다는 말을 많이 들어서 유명한 대학을 못 가면 안 된다고 생각했거든요. 그래서 좋은 대학에 가는 것이 제 인생의 제1 목표가 되었어요."

#진로결정
#전망이 좋은곳
#대입을 위한 컨셉

"좋은 대학에 가기 위해서는 제가 무엇을 하고 싶은지 빨리 결정해야 했어요. 내가 가고 싶은 과를 정해야 그거에 맞게 생활기록부의 컨셉을 준비할 수 있으니까요. 선생님이 빨리 정하라 하셨어요. 그래서 적당히 전망 좋고, 재밌어 보이는 과로 일단 정한 거 같아요. 적어도 그 과를 전공했을 때, 굶어 죽지는 않았으면 했어요. 세상에 어떤 일이 있는지는 아무것도 모른 채로 상상만으로 내가 가야 할 바를 정해야 했던 거예요. 그때도 내가 그 과를 정말로 가고 싶은지는 잘 모르겠더라고요."

#불안 #경쟁 #성적이 자존감
#막연한 희망 #대학만 가면 잘 살거야

"고3 때는 조급함이 더해지면서 불안이 더 심해졌어요. 공부할 때는 모든 에너지를 써서 힘들었고, 놀았을 때는 다른 친구와는 달리 헛된 시간을 보낸 것 같아서 힘들었죠. 시험 성적이 떨어지면, 제 자존감도 떨어지더라고요. 그럴 때마다 대학에 가면 못 해본 거 다 할 수 있을 것이고, 다시는 이런 삶을 살지 않을 수 있다고 하는 선생님들의 말에 막연한 희망을 품고 버텼어요."

#세월호 #어른들에 대한 불신
#내 안전은 내가 책임

"중학교 3학년 4월, 잊을 수 없는 세월호 사고가 터졌어요. 2살 위의 형 누나들의 수학여행 중 터진 그 사건은, 저에게도 큰 상처와 분노로 남았어요. 어른들의 말을 잘 들은 형 누나들은 죽고, 몇몇 무책임한 어른들만 살았던 사건이었으니까요. 그때부터 '내 안전은 내가 책임져야하는구나.' 하고 생각하지 않았나 싶어요."

UNDERGRADUATE
대학생

· FRESHMAN
:1학년

제제는 대학에 들어가면서 새로운 세상을 만나게 된다. 처음으로 자신과 다른 지역에서 자란 친구들을 만나서 새로운 세상을 만난 듯 반가움을 느낀다. 그러나 한편으로는 다른 맥락에서 자란 친구들을 온전히 믿을 수 없어서 편안한 관계를 맺지 못한다.

제제가 선택한 과의 전공수업에서는 생각했던 것과 다른 것을 가르치고 있었다. 또 명확하게 평가 기준이 주어지지 않는 창작형 과제나 논술형 시험같이 고등학교 때와 비슷한 형식의 평가 시스템이 아니었기 때문에 적응하는 데 어려움을 겪는다. 하지만 여전히 입시 때처럼 경쟁하는 태도가 배어있어서, 다른 동기처럼 과 수업을 따라가지 못하는 스스로를 보며 위축되어 간다. 더욱이 적성보다는 성적에 맞추어 과를 선택했기에 공부에 재미를 느끼지 못한다. 제제는 자신에게 맞는 것을 찾아야겠다는 마음에 평소에 해보고 싶었던 동아리에 들어가는 등 자신에 대한 탐색을 시작한다.

"20살이 되고 대학생이 되었을 때는 관계적인 세상이 넓어지는 시기였어요. 학교에 갔을 때나 알바할 때나, 내가 살고 있는 동네에서 온 친구들이 아니라 다른 곳에서 온 친구들을 만난 건 처음이었거든요. 지방에서 올라와서 사투리를 쓰는 친구들도 처음 만나봤어요. 새로운 친구들을 만나는 것이 설레기도 했지만, 한편으로는 두렵기도 했어요. 몇몇 어른들이 대학 친구는 고등학교 친구들보다는 깊은 관계가 될 수 없다고 했던 게 기억이 났거든요. 시험 족보를 위해서 친하게 지내는 등 이익만을 위해 사귄다는 편견이 있었달까요. 그래서 관계를 대하는 게 저 혼자 어색했던 거 같기도 해요. 괜히 좋은 모습을 보여야 한다고 긴장했던 거 같기도 하고요."

"학과는 남들이 말하는 전망이 좋다는 과였어요. 그런데 수업을 들어보니까 제가 생각했던 것을 배우지도 않고, 적성에도 맞지 않는다는 생각이 들었어요. 어렵기도 했고 일단 재미가 없었어요. 적극적으로 판다기보다는 끌려가듯이 수업을 듣다 보니 당연히 성적도 안 좋았고요. 특히 과제나 이런 것을 열심히 했어도 왜 내가 이런 점수를 받는지 알려주지 않았던 수업은 더 힘들었던 거 같아요. 과제에 내려진 낮은 점수가 마치 나 자체에 대해 교수님이 내린 평가처럼 느껴졌어요. 고등학교 때부터 이어진 생각이었을까요?"

#내가 좋아하는 것
#잘하는 것

"그래서 내가 잘할 수 있는 것, 내가 진짜 좋아하는 것에 대해 진지하게 찾기 시작했어요. 자신 없고 재미없는 수업을 따라가려면, 조금이라도 의미 있고 재미있는 걸 채워야 한다고 본능적으로 생각했었던 거 같아요. 그렇게 평소에 관심 있던 고양이를 돌보는 봉사활동을 하기도 하고, 밴드 동아리에 가입하기도 하는 등 나에 대한 탐구를 시작하게 되었어요."

· SOPHOMORE
: 2학년

2학년이 된 제제는 점점 대학 생활에 적응해 간다. 진심으로 좋아하고 어느 정도 자신 있는 분야의 동아리 친구들과 함께 취미를 공유하면서, 처음으로 즐거움을 나눌 수 있는 공동체에 소속된 느낌을 받는다. '할 거면 제대로 해야지'라는 마음으로 운영진으로 일하기도 한다.

제제는 좋아하는 것을 하다 보면, 좋은 경험이 따라온다고 생각하게 되었다. '사망년'이라는 3학년 그리고 취업 준비라는 두려운 문 앞에 서기 전, 마지막으로 하고 싶은 것을 다 해보기로 한다. 알바하면서 모은 돈으로 좋아하는 연예인의 콘서트를 다녀오기도, 유럽 여행을 다녀오기도 한다. 해외에서의 경험을 통해 많은 것을 보고 배운 경험이 좋았기 때문에 제제는 내년에 교환학생을 가기로 마음먹는다.

다양한 활동을 하다 만난 어떤 인연으로 제제는 처음으로 누군가와 연애하게 된다. 그러나 오래 유지되는 안전한 관계를 맺어본 경험이 적은 제제는 이 관계를 지속하는 것에 어려움을 느낀다. 짧은 연애를 끝으로 제제는 한 해를 마무리한다.

#공동체감
#내가 좋아하는 취미
#공유

"밴드를 하면서 '진짜 좋아하는 걸 한다'라는 느낌에 행복했어요. 나와 비슷한 취미를 가진 친구들과 좋아하는 음악을 할 수 있다는 게 너무 좋았죠. 그래서 2학년 때는 밴드부의 운영진으로서 일을 해보기로 했어요. 이렇게 언제든 몰두할 수 있는 명확한 취미 거리가 생겼다는 것, 그리고 이를 나눌 수 있는 작은 공동체가 생겼다는 게 안심이 되고 기뻤어요."

#능력 유무가 낯가림 여부
#비교 #능력주의

"동아리 활동을 하면서 저는 인싸였어요. 제가 잘하고 자신 있었던 분야였고, 내 도움으로 누군가를 발전시킬 수 있다는 게 기뻤거든요. 여기서 한가지 발견하게 된 건, 내가 낯을 가리냐, 마냐의 여부는 그 집단에서의 제 실력이라는 걸 알게 되었어요. 내가 여기서 이 정도 실력이면 괜찮다는 생각이 드는 집단에서는 낯을 가리지 않는 거죠. 반대로 과 수업처럼 내세울 만한 것이 없다거나, 부족하다 하는 곳에서는 위축되고 낯을 좀 가렸던 거 같아요."

#덕질 #나의 원동력
#콘서트 #유럽 여행

"내가 좋아하는 것을 시도해 보면서 좋은 걸 얻으니까, 계속해서 해보고 싶은 걸 해봐야겠다는 생각이 들었어요. 3학년이 되면 진짜 취업을 위해 스펙을 쌓는 본격적인 준비를 해야 할 것 같았고, 맘껏 놀 수 없을 거라는 생각했거든요. 더 늦어지면 안 된다는 조급함도 있었던 거 같아요. 좋아하는 연예인이 하는 콘서트를 방학에 짧게 일한 돈을 모아 다녀오기도 하고, 또 1년간 조금씩 모은 돈을 다 써서 축구를 보러 유럽 여행을 다녀오기도 했죠. 유럽 여행에서 느낀 것이 너무 좋아서, 살아보고 싶었어요. 그래서 내년에 교환학생도 준비해서 다녀오기로 했죠."

#연애 #깊은 관계
#관계 유지 어려움

"그렇게 여러 활동을 하다 보니 여러 사람을 만나게 되었고, 어떤 사람을 만나서 연애까지 하게 되었어요. 마냥 기쁠 줄만 알았던 연애가 저에게는 너무 힘들었던 거 같아요. 연애하면 사귀는 것까지만 생각했지 관계를 이어가는 것에 대한 생각을 한 번도 못 해봤던 거예요. 누군가와 관계가 깊어지는 것부터, 깊어진 관계를 만족스럽게 끌고 가는 것이 어렵다는 걸 처음 느꼈어요. 그렇게 저의 첫 연애가 짧게 끝났어요."

· JUNIOR
:3학년

3학년이 된 제제는 신나는 일들이 끝났다는 허무함과 함께, 나의 경험들이 취업에 도움이 되었는지 여부를 따져보는 현실적인 고민을 하기 시작한다. 좋은 경험을 했지만, 이 경험이 취업하는 데 있어서 어떤 경쟁력으로 이어지는지 연결하는 데에서 어려움을 느낀다. 나에게 맞지 않는 전공과 관련된 직업을 택했을 때 주어지는 좋은 전망과 확실한 불행을 택할 것인지, 행복할 가능성을 택하기 위해 두려움을 안고 다시 새로운 분야로 시작할지에 대해 고민하기 시작한다. 그 뒤에는 어느 정도 수준의 전문성과 차별성을 가지고 있지 않으면, 사회에서 선택받고 살아남지 못할 것이라는 두려움이 깔려있었다. 지금까지의 노력이 단지 돈벌이 수단이 되어가는 것에 대한 거부감도 가지고 있었다.

코로나가 시작되면서, 모든 계획과 관계에 단절을 경험한다. 교환학생이라는 고대하고 준비하던 계획부터, 일상에서 커피 한잔 정도 하는 소소한 만남까지 모두 잃게 된다. 억울하지만 억울하면 안 되는 상황에서 제제는 우울함에 빠진다. 나의 상황을 완전히 알아줄 수 있는 관계가 없다고 생각할뿐더러, 이해하더라도 근본적인 해결이 안 된다는 생각에 제제는 그나마 있던 친구들과의 만남도 끊고 방 안에서 고립을 선택한다.

"사실 나와 맞지 않는 과도 걱정이었어요. 어른들의 조언은 이 길
을 계속 가는 게 좀 더 안정적이라는 거였어요. 저도 지금까지는
마냥 그래야 할 것만 같았어요. 그런데 2년간 수업을 들으면서 확
신했던 건, 이 길을 걸으면 행복해질 것 같지 않다는 거였어요. 계
속 이렇게 내가 좋아하지도 않는 것을 공부하고, 업으로 삼으면서
동시에 끊임없이 경쟁하며 산다면, '이게 진짜 나인가?' 싶은 순간
들이 분명히 계속될 것 같았어요. 그렇다고 이제 와서 다른 길을
가려니, 다시 처음부터 시작해야 할 것 같았죠. 사실 다 때려치우
고 휴학하고 도망가고 싶었지만, 계획도 없이 무가치한 시간을 보
낼까 봐 걱정되어서 계속 다니기로 했어요. 멈춰있는 것보단 학교
에 가서 뭐라도 배우는 게 나으니까요."

#코로나 #관계의 단절
#계획의 차질 #불확실함

"두려움을 안고 새 학기를 준비하려는 순간 코로나가 터졌어요.
동아리에서 준비하던 공연도, 지금 내 깊은 고민을 털어놓을 수
있는 친구들과의 만남도 다 차단되었죠. 스펙과 놀이를 동시에 챙
길 수 있는 유일한 도피처이자, 지루한 일상을 끝내 줄 희망이었

던 교환학생 기회도 제 손으로 취소하게 되었어요. 억울하다는 감정과 어쩔 수 없다는 생각이 충돌하면서 제 감정은 계속 오락가락했어요. 불안함을 해소할 수 있는 모든 관계와 모든 일이 더 이상 내게 허락되지 않았어요. 뉴스에서 나오는 건, 끝날 듯 끝나지 않는 코로나 확산세와 코로나를 계기로 많은 기업이 공채를 폐지하고 수시 채용으로 바뀌어서 취업난이 더 심해진다는 내용들뿐이었어요."

#각자도생
#레이스

"이렇게 신나게 논 다음 3학년이 되니까, 갑자기 허무해지면서 불안했어요. 결국 내가 했던 것들은 취업에 도움이 안 될 것 같았거든요. 한편으로는 다시 수험생처럼 돌아가는 느낌이었어요. 다시 취업시장이라는 치열한 경마장에서 경주마처럼 나를 채찍질하며 달려야 한다는 생각이 들었거든요. 더욱이 이번엔 수능처럼 모두 같은 길을 가는 게 아니라, 모두가 다 각자의 길을 선택하고 그 결과의 책임을 혼자서 져야 하는, 뒤가 없는 잔인한 실전 레이스인 느낌이었어요."

"전화로 친구와 털어놓기도 하고 줌으로 만나기도 했고, 가끔은 방역 수칙을 지키며 짧게 술 한잔을 하기도 했지만, 어느 순간부터는 내면의 불안을 누군가에게 말하지 않고 점점 속으로 묻어두기 시작했어요. 어차피 친구한테 말해도 다 똑같은 마음일 테니 해결되지도 않을 테고, 선배나 어른들한테 말한다 한들 섣부른 조언만 할 뿐, 내 깊은 상처와 마음을 알아주지 못할 거라는 생각이 들었거든요. 그렇게 방 안에서 몇 달간 안 나와보는 경험을 했었어요. 그 누구도 만날 힘이 없는 깊은 나락에 빠졌었죠. 아무것도 하지 않는 것이 불안하면서도, 더 이상 무언가를 하거나 누군가를 만날 힘이 남아있지 않았어요. 외롭고 추운 연말이었죠."

· SENIOR
:4학년

제제는 더 이상의 고립은 위험하다는 생각에 용기 내 가까운 사람들을 만나기 시작한다. 털어놓는 것만으로도 다시 살아갈 힘을 얻는다는 걸 알게 된다. 좋아했던 것부터 다시 시작하고, 나를 이해해 주는 커뮤니티를 찾아서 조금씩 무기력에서 벗어나 보려고 한다. 제제는 탁월한 개인을 위한 성장 커뮤니티에 들어가게 된다. 커리어를 쌓고 있는 인생의 선배들이 주는 진심 어린 이해와 조언을 들으며, 더 멋진 자신의 미래를 상상하기 시작한다. 커뮤니티가 주는 소속감과 인정 덕분에 새로운 마음으로 인턴에 도전한다. 작은 스타트업에서의 인턴이었지만, 제제에게는 '일 경험'이라는 스펙을 쌓을 기회였다. 나를 알아주고 인정해 주는 좋은 사람들과의 시간이었기에, 다음 일터에 대한 기대를 하면서 인턴을 무사히 끝낸다.

여전히 어떤 일을 해야 할지 감을 잡지 못했던 제제는, 단기적인 목표에 눈을 돌린다. 그 목표는 한 번뿐인 대학 생활을 더 의미 있게 마무리하는 것이었다. 하고 싶은 것으로 채우고, 일상을 블로그 챌린지로 기록하면서 하루하루를 열심히 '갓생'으로 만들어갔다. 그렇게 제제는 번아웃을 경험하게 된다. 제제는 아무리 좋아하는 일이라도 적절한 휴식이 중요하다는 것을 배우고, 삶에서 하나의 중요한 가치로 생각하기 시작한다.

"인턴이 끝나고 벌써 마지막 학기가 되었지만, 여전히 취업에 대해서는 막연한 감이 있었어요. 가고 싶은 회사도, 가고 싶은 분야도 정하지 못했죠. 에라 모르겠다는 심정으로 하지 않고 졸업하면 후회할 것들을 적어 내려갔어요. 어차피 취업도 안 될 거 해보고 싶은 거 다 하고 나중에 생각하자는 마음이었죠. 소위 말하는 '갓생' 살아보자는 마음이었어요.

평소에 관심이 있던 사진 동아리도 들어갔어요. 늦게 들어간 만큼 최선을 다해야겠다는 생각에 일주일에 12시간을 활동했던 거 같아요. 또 내가 공부하고 싶은 타 전공의 학위를 취득하기 위해서 18학점을 듣기도 했고요. 물론 대학생만 할 수 있는 다른 대외활동도 함께하면서요. 경험에서 얻은 배움도 잊기 전에 정리할 겸 '블로그 챌린지'도 매주 진행했어요.

그렇게 저는 번아웃을 경험했어요. 덕분에 '좋아하는 것도 과해지면 일이 되는구나. 끌려가는구나.' 하는 걸 배웠어요. 나중에 직업을 선택할 때 좋아하는 것을 하면서도 몸과 마음에 무리가 가지 않는 정도의 업무가 주어지는 곳이었으면 좋겠다고 생각하게 되었어요."

"다시 한 발씩 걸어가기 시작했어요. 완전히 회복되지는 않았지만, 그래도 내가 좋아하는 걸 할 때 좋았던 기억을 붙들고 하나씩 다시 시도했죠. 지칠 때마다 함께 일으켜서 걸어갈 수 있는 커뮤니티를 찾기 시작했어요. 우연히, 개인의 성장을 돕는 커뮤니티를 접하게 되었어요. 커뮤니티에 속한 모두가 각자의 꿈을 향해 열심히 살고 있었고, 그 모습이 저에게도 자극이 되었어요. 나도 열심히 살아야겠다 생각이 저절로 들었달까요. 또 이런 분들이 나의 상황을 진심으로 이해해 주는 것이 감동이었어요.

한 기수 후에는 운영진 같은 역할을 맡아 일하게 되면서, 중요한 사람으로 인정받은 느낌과 함께 소속감도 느끼게 되었어요. 또 먼저 직장을 다니시는 분들이 커리어를 쌓아가는 과정을 보면서, 저의 길잡이이자 레퍼런스로 삼을 수 있어서 좋았어요. '나도 저렇게 살면 저런 사람이 될 수 있겠구나.'"

#인턴 #내가 좋아하는 곳
#스펙 #나를 인정해주는 곳

"여름방학 때 처음으로 인턴을 해봤어요. 스타트업이었지만, 내가 배우고 싶은 분야와 관련된 곳이어서 좋았어요. 회사의 비전도 남에게 도움을 주는 일이었기에 뿌듯하기도 했어요. 이 일 경험이 나중에 커리어에 도움을 줄 수 있는 하나의 스펙이 될 것 같다는 생각도 들었고요. 작은 회사이다 보니 일이 많아서 좀 힘들긴 했지만요. 그래도 나를 중요하게 생각해 주고, 격려해 주었던 상사와 동료들이 있어서 기쁘게 일했던 거 같아요."

#코로나19 #친구 관계 적음
#고립감 #살기 위해 만남

"그렇게 집에만 있다가 어느 날 밤에 잠을 자려는데, 잠이 안 왔어요. 더 이상의 고립은 위험하다는 걸 직감했어요. '내일 어디든 가야겠다. 사람을 만나야겠다. 이러다 나 진짜 어떻게 될지 모르겠다.' 이런 생각이 들어서, 동아리 친구들한테 다시 전화하고 짧게라도 한두 명씩 만나기로 했어요. 그러면서 그동안 쌓아두었던 불안을 나누니, 다른 친구들도 하나씩 이야기를 털어놓았어요.
그렇게 각자의 이야기를 나누며 서로 위로하기 시작했어요. 물론 해결된 건 없었지만, 힘이 되었어요. 그러면서 두 가지 생각을 했어요. '나에겐 나의 상황과 맥락을 이해해 주는 사람들이 있는 커뮤니티가 필요하구나', '그래, 다시 해보자. 일어나보자.'"

PREPARATION FOR EMPLOYMENT
취준생

모든 학기를 마친 제제는 소속을 잃는 것과 커리어가 끊기는 것에 대한 두려움에 졸업을 유예하기로 한다. 처음으로 자기소개서를 쓰면서, 강점과 성과만 나열된 자신에 대해 뿌듯함과 동시에 알 수 없는 괴리감을 느낀다. 그나마 가고 싶었던 회사 몇 군데에서의 입사 지원에서 모두 '서류 전형 탈락'이라는 실패를 경험한다. 이유도 모르는 채 떨어진 제제는 부족함에 대한 좌절을 느끼고, 동시에 나만 뒤처지는 듯한 초조함과 불안함을 느낀다. 다음을 준비하기 위해 자격증과 어학 성적 등 눈에 보이는 작은 성취를 쌓아간다. 조금은 웃기면서도 공정함에 대한 의문을 품게 되는 AI 면접을 지나 운 좋게 최종면접까지 갔지만, 최종 탈락하게 되면서 상반기를 마무리하게 된다.

제제는 상반기를 회고하며, 좌절하지 않고 지치지 않을 수 있도록 자발적으로 일상의 시스템, 즉 루틴을 만들기로 한다. 소속감을 느끼기 위해 사람들이 많은 곳에서 공부하기도 한다. 그러나 혼자만 소속 없이 밥을 먹어야 하는 듯한 느낌을 받는 점심시간에는 불쑥불쑥 외로움과 초조함이 몰려오는 것을 느낀다. 기약 없는 이 생활에 대해 답답함과 억울함을 느끼기도 한다.

감정을 누르면서 노력한 끝에 제제는 어느 기업의 채용형 인턴에 합격하게 된다. 가치를 증명해야 한다는 간절함으로 남들보다 더 큰 노력을 들여 결국 제제는 처음으로 정규직 취업에 성공한다.

"모든 학기가 끝나고, 졸업할지 말지 고민하다가 결국 유예했어
요. 학교에 남아있다고 달라질 건 없지만 다음 행선지를 정하지
않고서 떠나는 것이 두려웠을뿐더러, 그래도 소속이 있다는 것이
저에게 알 수 없는 위로였기 때문이에요. 또 졸업하고 공백기가
있다면 인터뷰할 때 그동안 뭐 했냐고 물어본다고 하더라고요. 그
렇게 학생도 아니고, 백수도 아닌 어정쩡한 사람이 되었죠."

"처음으로 지원한 기업의 서류 전형 결과가 나왔어요. 서류 탈락
이었죠. 탈락한 이유라도 알고 싶은데, 이유를 알려주지 않았죠.
'인연이 아닌가 보다'라고 생각하고, 애써 괜찮은 척하면서 다른
기업을 준비했어요. '인사팀이 좋아하는 자기소개서'라는 유튜브
를 보면서, 다시 자기소개서의 내용을 재정비했어요. 아프지만 아
무렇지 않은 척 희망을 품고 다른 곳에도 계속 넣었죠. 그렇게 제
가 가고 싶은 곳 모두에서 똑같이 서류에 탈락하고 나서 느꼈어요.
'아, 내가 부족하구나. 그리고 내게는 선택권이 없구나. 그냥 붙어
주는 곳에 가야 하는 거구나.'
그때부터 채용 공고가 뜨는 대로, 지원했어요. 어떤 회사인지 몰
라도 상관없었어요. 일단은 당장 다음 스텝으로 넘어가는 게 저에

겐 가장 큰 목표였으니까요. 나만 소속이 없고, 멈춰있는 듯한 이 느낌은 지독했거든요. 들어가도 행복하지 않을 것 같았지만 제게는 다른 선택지가 없었어요."

#채용형 인턴
#간절함 #가치 증명

"여러 차례의 면접을 보고 떨어지고 한 후, 드디어 한 곳에서 전환형 인턴 한 곳에 합격했어요. 정규직도 아니고 인턴이었고 50%의 낮은 전환율이었지만, 제겐 간절한 기회였어요. 그래서 매일 남들보다 더 일찍 출근하고, 잘 보이려고 노력했어요. 업무도 재미없었고, 뭐 하는 짓인가 싶어도 제가 이 회사에 가치 있는 인재라는 걸 증명해야 정규직이 될 수 있는 거니까요. 앞서지도 뒤처지지도 않으려고 노력했어요. 그렇게 3개월 동안 모든 에너지를 쏟아 넣었고, 정규직 전환 발표날 드디어 입사에 성공했어요. 어딘가 허무했지만, 정말 감사했죠. 드디어 나도 다음 스텝으로 간다!"

#AI 면접
#두려움 #공정성

"서류를 통과하고 처음으로 AI 면접을 봤어요. 기계 앞에서 나의 입사 포부를 이야기하는 느낌은 썩 좋지는 않았어요. 누가 보는지도, 어떻게 해야 잘 되는 건지도 모르고. 기계가 나를 판단한다는 게 뭔가 기분이 안 좋달까요. 듣기로는 눈의 떨림이라든지, 목소리의 힘이 있는지 등을 보고 판단한다는데 웃기지 않나요? 그런데 이 웃긴 면접에 자신감 있는 척 말하려고 노력하는 나도 참 웃기더라고요."

STORY
3

외계인 Z세대의
진짜 정체를 알게 되다

5 Senses of Gen Z
Z세대의 5가지 감각

Z세대는 자라온 환경, 경험한 사건, 주변의 관계들을 통해 그들만의 독특한 감각 5가지를 갖게 되었다. 기존의 문화권에 있는 사람들에게는 이 5가지 감각은 이질적이다. 일상에서 이 감각들이 발현될 때면, 이들의 행동이나 말이 이기적으로 느껴지기도 했을 것이다. 그러나 이 감각들이 그들이 원했던 것이라고는 볼 수 없다.

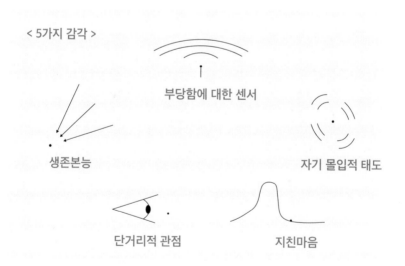

< 5가지 감각 >

부당함에 대한 센서

생존본능

자기 몰입적 태도

단거리적 관점

지친마음

다만 이들이 사는 세상 속에서 살아남기 위해서, 스스로를 지키기 위해서, 환경에 적응하며 자신들도 모르게 탑재하게 된 감각이라고 본다면 불편한 마음을 내려놓고 진짜 이들이 누구인지를 이해할 수 있을 것이다.

첫 번째 감각 :: Z세대의 이성, 생존 본능

An instinct for Survival

Z세대에게 '생존'이라는 단어는 정글에만 어울리는 단어가 아니다. 이들에게 있어서 생존은 일상이다.

먼저 이들은 전 세계 어디에서도 찾아볼 수 없는 극도로 경쟁적인 교육 환경 속에서 유아기와 청소년기를 보냈다. 바늘구멍 같은 입시를 뚫고 대학 진학에 성공해도, 중고 신입을 뽑는 것이 뉴노멀이 된 차디찬 취업 시장에서 끊임없이 자신을 심판대에 올려, 자신의 멘탈이 뽀개지기 전에 취업을 뽀개야만 한다.

아프니까 청춘인 이들의 고통은 아직 끝나지 않았다. 취업 성공해 열심히 돈 모아, 서울 하늘 아래 자기 몸 하나 누일 수 있는 곳을 자가로 마련하는 꿈은 꿈에서도 꾸지 않는다. 가라앉는 세월호를 보면서 가만히 있으란 대로 있어도 구해주는 사람이 없다는 것을 눈으로 목격했고, 친구의 친구가 혹은 친구가 이태원에서 사고로 생을 달리해도 제대로 사과하고 책임지는 어른은 이번에도 없다는 것을 다시 확인한 그들이다. 하늘에서 내려오는 동아줄이나 믿을 사람은 영 없을 테니, 살아가는 동안은 철저히 내 힘과 능력만으로 살아남아야 한다고 생각하는 '생존 본능' 감각은 곧 Z세대의 이성이 될 수밖에 없었다.

두 번째 감각 :: Z세대의 작동 방식, 자기 몰입적 태도

Self-immersion mindset

가끔 Z세대의 결정과 행동을 보면 자기 자신밖에 모르는 건가 싶을 때가 있다. 틀린 말은 아니다. 이들이 자라온 교육 시스템은 자기 자신에게만 몰입하는 시선을 강화했다. 멈추면 뒤처진다고 가르쳤고, 함께 달리는 옆 사람은 친구지만 동시에 경쟁자라는 모순을 친절히 알려주며 의심할 틈도 주지 않았다. 너는 소중한 존재라고 말은 해주었지만, 그렇기에 네 존재의 소중함을 능력으로 증명해 보이라는 사회의 메시지는 저승사자처럼 Z세대 곁을 맴돌았다.

모든 자원이 소멸해 가는 환경 속에서, Z세대에게 자기 자신은 유일하게 소유할 수 있는 자원이었다. 자기 자신에게 집중하고 계발하는 것만이 이들이 미래를 위해 할 수 있는 투자였다. 이 과정에서 Z세대의 인간관계 모드는 '경쟁'이 기본값이 되었다. 멈추면 비로소 보이는 것들은 자신보다 먼저 치고 나가는 사람들의 뒷모습이기에, 뒤처지지 않고 자기 자신을 더 빨리 더 멀리 갈 수 있는 방법을 탐구하고 발전시키는 일과는 생존을 위한 작동 방식이었다. Z세대의 자기 몰입형 작동 방식은 최고의 결과를 위해 장착해야만 했던 태도였고, 마치 경주마의 차안대처럼 주변과 관계를 볼 수 있는 시야를 차단했다.

세 번째 감각 :: Z세대의 시야, 단거리적 관점

Short-distance View

Z세대는 빠르게 판단하고, 빠르게 결정하고, 빠르게 움직인다. TV 프로그램, 영화와 비교해 보아도 충분히 짧은 길이인 유튜브 영상까지도 10초 건너뛰기 버튼을 눌러 빠르게 내용을 훑거나 혹은 2배속 재생으로 자신의 시간을 아끼는 방식을 선택한다. 퇴직을 결정하는 속도가 기존의 기성세대가 2G라면, 이들의 속도는 6G다. 1년이 채 걸리지 않는다. 아무리 빠름이 미덕인 대한민국이라지만, 이들의 속도를 볼 때 인내심이 없는 건 아닌지 걱정을 느끼기도 한다.

같은 하늘 아래, 같은 중력을 받고 살지만 이들의 속도는 왜 이렇게 급하고 빠를까. Z세대는 우리가 경험했던 환경을 동일하게 사는 것이 아니라 모든 부분이 더 황폐해진 상태 속에서 살고 있다. 태어난 이래 뉴스 속 디지털, 관계, 경제, 사회, 정치, 환경은 늘 사상 최저, 사상 최악의 상태가 헤드라인이 되었다. 사막이 서서히 만들어지듯, 우리가 사는 세상도 눈치도 채지 못할 정도로 천천히 빠르게 사막화되었다. 사막이 바람에 의해 순식간에 지형이 바뀌듯 모든 세상의 변화들은 훨씬 더 예측불가능해졌고, 불안정해졌고, 불안해졌다. 참을성 있게 희망을 품고 기다리며 무언가를 멀리 내다보기에, 이들의 시야를 가리는 모래바람이 너무 거세기에 한 치 앞만 견디는 단거리적 관점을 가지게 되었다.

네 번째 감각 :: Z세대의 체력, 지친 마음

Low mental Strength

직장 내에서 가장 젊은 피에 속하지만, 어떤 일을 채 시작도 하기 전에 이미 지친 기색을 보이는 Z세대를 볼 때 기성세대는 의아함을 느낀다. 20대면 가장 체력도 좋고, 열정도 있을 때 아니냐며 '나 때는'이라는 말해선 안 되는 그 단어가 터져 나오려는 것을 간신히 억누르게 된다. 커리어가 하나의 경주라면 이들은 이제 막 시작 선에 들어섰을 뿐인데, 왜 벌써 지쳤다고 말하는 걸까? 왜냐하면 그들은 실제로 지쳤기 때문이다. 중간, 기말고사, 내신, 수능, 생활기록부, 인적성 검사, 각종 자격증, 토익, 토플… 다 언급할 수도 없는 각종 시험들을 우수한 성적으로 통과하기 위해, 매번 자신이 낼 수 있는 전속력의 속도를 내며 끊임없이 단거리 시합을 반복한 것과 다름없다. 이제 진짜 시합이라고 볼 수 있는 인생의 마라톤 시작 선에서 이들은 지친 얼굴을 숨기지 못한다.

반복되는 시합과 경쟁을 통해 이들은 현재까지의 세대 중 최대 스펙이라고 말할 수 있는 탁월한 능력도 갖추게 됐지만, 또 다른 부작용도 존재했다. 이런 환경을 받아들이고 견뎌야만 한다는 체념에서 오는 무력감, 아무리 열심히 달려도 도무지 끝이 보이지 않는 것 같은 막막함, 이러다 지쳐 혼자 나가떨어져 다시는 달리지 못할 번아웃이 올 것 같은 두려움. 이 모든 감정은 사막이 모래가 되어, 이들의 한 걸음 한 걸음을 무겁게 잡아끈다. 발이 푹푹 빠지는 모래 위를 걸을 때 더 많은 힘을 써야 하는 것처럼, 이들은 우리의 생각보다 꽤 많은 마음 체력을 소진하고 있다. 이런 상황 속에서 비롯된 지친 마음은 곧 Z세대의 체력으로 이어졌다.

다섯 번째 감각 :: Z세대의 보호 장비, 부당함에 대한 센서

Injustice Sensor

Z세대는 불공정, 불평등, 부당함에 대해 민감하다. 마치 센서가 있는 것처럼 즉각 반응하고, 자신의 목소리를 낸다. 이런 센서는 앞서 언급한 '생존 본능'과 긴밀하게 이어져 있다. 도와줄 사람이 없는, 믿을 수 없는 사회 속에서 자기를 책임지는 것은 자신이기 때문에 스스로를 보호하기 위해 촉을 곤두세우고 있다. 조금 더 구체적으로 말하면 눈 뜨고 코 베이는 세상에서 손해 보지 않기 위해, 언제든 싸울 수 있도록 날 선 칼을 들고 있는 것처럼 느껴지기도 한다. 물론 이 센서가 부당함을 제대로 감지할 때도 많지만, 그렇지 않은 경우일 때 상대방으로서는 당황스럽기 그지없다. 어디서부터 어떻게 설명해야 할지도 막막하며, 제대로 이해시키지도 못한 채 꼰대로 도장 찍힐까 봐 말문이 턱 막히고 만다.

사회 구조 속에서 현대인이 느끼는 외로움을 고찰한 책 ≪고립의 시대≫ 중 한 챕터의 제목은 '외로운 정신은 언제나 뱀을 본다'이다. 이 문장을 설명하자면 외로움이라는 감정이 자기 보존 차원에서 작동하며, 혹시 모를 위협 요소를 찾아 주변을 살피게 하고, 바닥에 떨어진 나뭇가지를 뱀으로 착각하게 하고 흠칫 놀라게 한다는 것이다. 이 문장의 주인인 존 카치오포 교수는 외로움은 세계를 어떻게 유형화하는가에도 영향을 미친다고 말한다. 외로움은 타인에 대한 기대와 생각을 형성함으로써 작동하고, 외로움은 분노, 적의, 주변 환경을 위협적이고 매몰찬 것으로 인식하는 경향, 저하된 공감 능력 등의 위험한 정서 조합을 낳는다는 것이다.

Z세대는 경쟁 사회가 가르쳐준 '각자도생'이라는 태도를 성실하게 학습했다. 각자도생이 만드는 '외로움'이라는 그림자는 곧 이들에게 따라붙었다. 모든 그림자가 그렇듯, 이 외로움이라는 그림자도 의식하지 않으면 그 존재를 인지하기조차 어려운 모습으로 말이다.

외로움이라는 그림자는 상황에 따라 이들을 집어삼킬 만큼 커지기도, 있는지조차 모르게 작아지기도 하며 이들의 삶을 따라다녔다. 이 외로움은 이 부당함에 대한 센서에 장착된 건전지가 되었다. 타인에 대한 경계심을 높이고, 갖지 않아도 될 긴장감을 주며, 이들 앞에 놓인 나뭇가지를 뱀처럼 보게끔 했다. Z세대는 현실적이고, 이성적이고, 합리적이다. 현실 속에서 쉽게 헛되어지는 희망은 애초에 품지 않으며, 모든 게 다 괜찮을 거라는 낙천적인 전망이 이들에게는 오히려 위험한 발상처럼 느껴진다. Z세대가 이 센서를 끄고 싶어도 현실은 여전히 현실적으로 잔인하고 무서운 곳이며, 그들의 외로움 건전지는 닳아질 기미가 없기에 오늘 밤도 그들의 센서는 꺼지지 않는다.

What does Gen Z really want?
Z세대가 진짜로 원하는 것

온라인 서베이에서 Z세대가 가장 중요하게 생각해 온 가치 3가지를 들어보았다. 이 가치들은 누군가에겐 사막 같은 현실을 견디기 위해 필요했던 물이었으며, 자발적이고 의욕적으로 오아시스를 찾아가기 위해 필요했던 사막 워커이자, 나침반이었다. 그리고 그 가치 뒷면에 새겨진 한 명 한 명의 이야기로 우리를 초대하고 있었다.

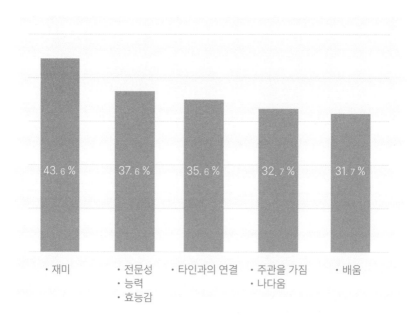

43.6%	37.6%	35.6%	32.7%	31.7%
· 재미	· 전문성 · 능력 · 효능감	· 타인과의 연결	· 주관을 가짐 · 나다움	· 배움

Z세대가 중요하게 여겨온 가치

• 재미 (44명)

가장 많은 응답자가 자라는 과정에서 '재미'를 중요하게 여겨왔다고 답하였다. 재미가 중요한 이유로는 흥미의 시작으로써 도전과 몰입의 동기가 된다는 답변이 주를 이루었다. 나다운 삶을 가꾸기 위한 선택의 기준이 되기도 하였다. 이어 행복과 만족을 느낄 수 있기에 재미 자체가 삶의 지향점이라고 답하기도 하였다. 직장 내에서는 업무에 지속적으로 몰입하기 위해 필요한 가치라고도 응답하였다. 재미를 느낄 때 자연스럽게 성과로 이어진다는 인식도 확인할 수 있었다. 자신의 관심사에 몰입할 때, 타인과 만날 때, 사회적 기여를 할 때 재미를 느끼기도 하였다.

"나를 움직이게 하는 감정이 무엇인지 생각해 보면 무언가에 대해 호기심을 느끼고 잘하고 싶어서 어떤 일을 시작하고 유지하는 경우가 많아."

"이전 직장에서는 하루 종일 모니터만 바라보며 숫자를 보는 건 정말 지루하고 힘겨웠어. 하지만 현재 내가 원하는 곳에 입사한 이후로는 완전히 확 바뀌었어! 내가 바라던 분야와 내 성향에 맞는 직업을 만나게 되니 재미와 흥미는 하루하루가 회사에 간다는 생각에 즐겁더라고."

"내가 인생에서 택한 길은 어느 정도 재미있는가? 생각해 보고 결정하는 편이야."

"그 일에 흥미가 없다면 그 결과를 받아들이는 사람도 내가 한 작업을 재미없다고 생각할 거고, 그렇다면 그건 안 하느니만 못할 것 같아."

• 전문성/능력/효능감 (38명)

'전문성/능력/효능감'은 인정 욕구와 관련되어 있었다. 사회적 인정 뿐 아니라 스스로에 대한 인정도 포함되어 있었다. 사회적 기여를 하거나 타인과 좋은 관계를 맺기 위해서 전문성과 능력이 필요하기 때문이라고도 하였다. 경제적 독립과 생존을 위해서는 자신만의 능력이 있어야 한다는 인식도 확인할 수 있었다. 조직과 업무와 관련하여서는 만족스러운 회사생활과 자신의 업무에 지속적으로 몰입하기 위해 필요한 요소라고 여기기도 했다. 특히 나다움, 개성, 타인과 차별적인 능력을 키우는 것에 강한 열망을 보여주었는데, 어떤 업무에 있어서 대체 불가한 존재로 여겨지는 것에서 효능감을 느끼고 있었다.

"내가 가진 능력이라고 해봐야 보잘것없지만 이것마저 없으면 내가 사회에서 인정받을 수 없을 테니까. 전문성을 가지고 어디에서 일을 할 때 인정을 받고 싶어."

"내가 일하는 분야에서 탁월한 능력을 갖추고 싶어. 내 스스로 내일에 보람을 느끼고 싶기도 하고, 함께 일하는 사람들에게 인정도 받고 싶어. 그건 아마 다른 사람들과 좋은 관계를 유지하고 싶어 하는 마음과도 관계가 있을 거야."

"나는 성인이 되기 전부터 성인은 자립할 수 있는 존재라고 생각을 해왔고, 나도 그렇게 되고 싶다는 생각을 해왔어! 그래서 나만의 전문성을 가지고 경제적으로 독립할 수 있는 능력을 키우고 싶다고 생각했지."

"남들이 다 하는 것을 똑같이 하기보다는 나만의 능력을 키우고 내 자리에서 내 역할을 다하는 게 필요하다고 생각해."

• 다른 사람과의 만남/연결 (36명)

'다른 사람과의 만남/연결'이 안전하고 친밀한 관계와의 만남을 통해 즐거움, 위로를 얻을 수 있어서 중요한 가치라고 응답하였다. 심리적 건강에 필수적인 요소라고 생각한 응답자도 있있다. 나와 다른 생각과 환경 속에 자란 사람과의 만남을 통해 새로운 관점과 배움을 느낄 수 있다는 점이 중요하기도 했다. 사람을 좋아해서, 만남과 관계 자체가 목적이 되기도 하였다. 타인과의 연결 속에서만이 인정받을 수 있다는 답변을 통해서 인정 욕구도 다시 한번 확인할 수 있었다. 업무적으로는 동료가 있어야 일에 몰입할 수 있고, 함께해야 목표를 이루어 갈 수 있기 때문이라고 답하였다.

"타인과의 연결이 중요하지 않다고 생각했던 시기 동안 스스로 너무 고립되어 있었고 우울감과 외로움, 사회생활에 대한 무서움이 컸어. 그런데 사회 공헌 프로젝트를 하면서 다른 사람과 진짜로 연결되는 느낌을 받았고, 그때마다 항상 벅찬 감동이 느껴졌어. 그만한 행복을 못 느껴봤을 정도로."

"내가 경험하지 못한 것들의 이야기를 들을 때면 그 상황을 차근차근 이해하면서 나 자신을 그 상황에 던져봐 보곤 하는데 '나였다면 어떻게 행동했을까?' 라던지 '그 상황에서 이 상황에 처한 사람이 어떤 감정을 느꼈을까?' 같은 여러 가지 생각들을 하게 되어 흥미로워."

"난 사람들과의 관계에서 행복함을 많이 느껴서 관계가 중요하고. 일도 중요하지만 내 삶, 내 관계, 내 공동체가 더욱 중요해."

"공부할 때나 운동할 때도 다른 사람들이 내가 이 활동을 잘한다고 생각했으면 좋겠어서 더 열심히 했던 적도 많은 것 같아."

• 주관을 가짐/나다움 (33명)

'주관을 가짐/나다움'은 어떤 선택에 있어서 타인의 의견으로부터 흔들리지 않게 해주는 확실한 기준이라는 인식이 강했다. 확고한 기준을 통해 삶에서 느끼는 심리적 불안함으로부터 해방되기를 원했다. 홀로 살아갈 수 있어야 한다는 인식과 누군가의 의견에 휩쓸리는 것에 대해 지쳐있는 상태를 확인할 수 있었으며, 확고한 주관이 없는 상태를 부정적으로 인식하고 있음을 알 수 있었다.

한편으로는 나다움을 추구해 온 이유가 타인과 지속적인 관계를 유지하고 원활히 연결되기 위해서 필요하기 때문이라고 생각하기도 했다. 재미와 의미가 따라오는 만족스러운 삶을 영위하기 위해서도 필요하다고 답하였다. 일과 관련해서는 의미 없이 기존의 것을 답습하는 것에 대한 거부감과 함께 창조적 욕구를 드러내기도 하였다. 직장 생활이 모든 삶을 대변하여 자신의 고유한 정체성을 잃는 것을 경계하는 모습을 보여주기도 하였다.

"'나다움'은 정말 중요한 것 같아. 자신의 신념, 기준, 가치판단이 있는 삶은 건강한 삶 같아. 누군가의 의견에 계속해서 휩쓸리는 삶은 아주 불안정하거든."

"늘 눈치 보고 사느라 스트레스를 많이 받아서 자기 주관을 갖고 싶어."

"나는 무언가를 할 때 내 주관을 가지고 그 일을 해야 더 의미가 있고 내 결과물이 된다는 생각이 들어 안 그러면 그냥 남의 것을 따라가는 것이 되니까! 내 생각을 조금이라도 첨부하고 싶은 마음이야."

"일을 시작하면서는 일에 매몰되어서 나를 잃을 수 있겠다는 생각이 들어서 나다움을 지키기 위해 애써야겠다고 생각하고 있어."

• 배움 (32명)

배울수록 새로운 세상이 열리며, 능력을 키우고, 능률을 올릴 수 있으며, 성장을 체감할 수 있다고 말하였다. 또한 성공과 실패의 이분법적 평가에서 벗어나 그 자체로 의미를 부여할 수 있는, 삶을 풍요롭게 만드는 가치로 인식하기도 하였다. 한편으로는 빠르게 변화하는 사회적 환경 속에서 배우지 않으면 도태된다는 불안감이 끊임없는 학습의 계기가 되기도 하였다. 배운 것을 토대로 경제적 안정을 누리고, 사회적으로 기여하고 싶다는 마음도 배움을 중요하게 여겨온 이유가 되었다.

"경험하고 배우는 만큼이 내가 세상을 바라보는 범위라고 느껴지거든. 그래서 참 어렵지만 많이 배우고 경험하는 걸 중요하게 생각해."

"어떤 경험을 하든지 간에 거기서 배울 수 있는 게 있다면 그건 가치가 있다고 생각해. 성공과 실패처럼 어떤 사건을 이분법적으로 나누기보다는, 배움을 얻었다고 생각하는 게 그 과정을 좀 더 풍부하게 인식할 수 있을 것 같아!"

"사회초년생이고 그동안 열심히 살아오긴 했지만, 사회에 나가면 할 줄 아는 게 하나도 없단 말이야. 그런 것에 대한 불안함도 있고, 주변 환경이나 사회에서 새롭게 부상하는 것들을 나도 배우지 않으면 뒤처진다는 생각, 그러면서도 사실 스스로 배우는 걸 어느 정도 즐기기도 하고. 평생 배움이라는 테마는 같이 가져가게 될 거야."

"경제적 안정을 위해서는 배움이 필요하다고 생각해."

"배운 것을 바탕으로 남들에게 도움이 되는 일을 하고 싶어."

• 경제적 안정 (28명)

경제적 안정은 그 자체로 하나의 목적이 되기보단 수단이 되는 가치였다. 경제적 안정이 없을 때 생존에 대한 압박과 심리적 불안이 느껴지기에 안정감을 누리기 위해 필요한 가치라고 여겼다. 이어 경제적 안정이 있을 때 안정감을 바탕으로 타인을 대하는 나의 태도도 영향을 받으며, 금전적 여유를 바탕으로 새로운 일을 시작할 수 있다고 답했다.

"돈에 쪼들리면서 살다 보면 경제적 안정을 추구할 수밖에 없더라."

"돈 때문에 더 이상 불안한 감정을 느끼고 싶지 않아."

"경제적 안정이 없으면 새로운 일을 시작하기 어렵더라."

"금전적으로 좀 풍족해야 행동이나 마음가짐 등이 편안하고 남을 더 잘 대해줄 수 있다고 생각해."

• 심리적 안정 (25명)

심리적 안정도 경제적 안정과 마찬가지로 타인과의 관계를 원활히 유지하는데 필요하다고 답했다. 그러나 경제적 안정과 다르게, 심리적 안정 자체가 수단을 넘어 삶의 목표로 여겨졌다. 삶의 다른 부분을 흔들리지 않게 잡아주는 기반 같은 역할이라는 인식을 확인할 수 있었다.

"심리적인 안정이 삶을 살아갈 때 너무나 중요하고 그것이 주변 사람들에게도 영향이 많이 간다고 생각해. 그래서 항상 돌아봐야 하고 건강하게 유지해야 하는 것 같아."

"다른 중요한 가치들이 사실은 나의 심리적 안정을 위해서이기도 해. 나는 불안하고 두려운 감정이 크면 삶의 많은 부분이 흔들리곤 하거든!"

"심리적 안정을 갖는 게 삶의 큰 목표이자 수단이었어."

Z세대가 진짜로 원하는 건?

"저에겐 재미가 제일 중요해요."

Z세대를 만나다 보면, 가장 많이 듣는 말일 것이다. 재미있어야 무언가를 시작할 마음이 생기고, 재미가 있어야 꾸준히 할 수 있다고 하기도 한다. 이를 바꿔 말하면, 재미가 없는 일은 시작도 하기 싫고, 오랫동안 할 수도 없다는 뜻이기도 하다. 이렇게 하고 싶은 일만 좇고, 재미없는 일은 금방 그만두는 이들을 두고 기존의 사회를 이루고 있던 다른 세대들은 '끈기가 없다', '이기적이다'라는 표현을 하기도 한다. 그러나 온라인 서베이를 통해서 만난 Z세대 101명의 깊은 이야기를 들으면서, 이들에게 '재미'는 단순히 즐거운 기분을 말하는 표현이 아닌 듯했다. 수많은 오해를 만들어 낸 '재미'라는 키워드 뒤에 숨겨진 이들의 진짜 속마음은 무엇일까?

"재미가 있어야만 몰입할 수 있어요."

온라인 서베이에서 약 44%(44명) Z가 지금까지 자라오면서 '재미'를 가장 중요한 가치로 여겨왔다고 답했다. 그 이유를 묻는 질문에 대해서는 '도전과 몰입의 동기', '나다운 삶을 가꾸기 위한 선택의 기준', '재미 자체가 삶의 지향점', '업무에 지속적으로 몰입하기 위해 필요한 가치' 등 다양한 답변을 말해주었다. 보통 재미라 하면, 비생산적인, 업무 외적인 휴식에서 오는 감정이라는 생각이 들기 마련이다. 하지만 이런 답변들을 보았을 때 Z에게 재미가 단순히 어떤 쾌락적 감정이라고 해석하기에는 무리가 있어 보였다. '재미'는 Z에게는 중요한 '의미'처럼 느껴졌다. '재미'를 '의미'로 받아들였을 때, Z의 이야기들이 하나로 꿰어지기 시작했다. Z가 말한 '저에겐 재미가 제일 중요해요'는 결국 '저에겐 의미가 제일 중요해요'라는 표현이었다. '반복되는 일상에 나를 잃고 싶지 않아. 내가 일만으로 규정되기 싫어'라는 지루함에 대한 이야기도, 의미 없이 출근과 퇴근을 반복하는 데에 그치는 일상이 삶의 전부가 되는 느낌이 괴롭다는 호소일 것이다. 일터에서도 내 삶과 맞닿아 있는 의미를 찾고 싶다는 바람과 함께 말이다.

"일단 재미가 없으면 어떤 인생이라도 의미가 없다고 생각하는 편이야."

"일을 시작하면서는 일에 매몰되어서 나를 잃을 수 있겠다는 생각이 들어서 나다움을 지키기 위해 애써야겠다고 생각하고 있어."

그러면 Z세대는 언제 재미, 의미를 느낄까? 그리고 이들이 재미를 느끼기 위해서 원하는 건 무엇일까? Z가 들려준 이야기를 읽으면서, '타인과의 연결', '나다움', '전문성/능력' 세 가지의 큰 축을 발견할 수 있었다.

"다른 사람과의 만남은 새로운 세상과의 만남이죠"

첫 번째 축은 '타인과의 연결'이다. 모든 것이 나 중심적이고 이기적이라는 사회적 인식과는 상이해 보이기도 한다. 그럼에도 Z세대는 누군가와 만나고 연결될 때 가장 큰 재미를 느꼈다. 그 연결은 직장 동료, 지인을 만나거나 취미가 같은 누군가와 일상을 공유할 때 등 소소한 만남부터, 깊은 대화를 나눌 수 있는 관계 등 모든 관계를 포함하고 있었다. 이런 관계에서 휴식을 누리고 안정감을 느꼈다. 업무나 진로와 관련되어 쌓인 스트레스를 누군가와 이야기를 나누거나, 취미를 공유하며 함께 그 감정으로부터 벗어나는 방식으로 풀기도 했다. 배움의 측면에서도 타인과의 관계를 중요하게 생각했다.

타인과의 만남은 나와 다른 새로운 세상과의 만남이며, 타인을 통해 새로운 세상을 경험할 수 있는 기회로 여기기도 했다. 타인의 시선으로 해석된 나의 모습을 들으며, 나에 대한 새로운 배움을 얻기도 했다. 타인에게 영향을 주는 활동이나 사회적으로 기여를 하는 활동에서도 재미를 느낀다는 점에서 가까운 사람들과의 연결을 넘어, 사회의 일원으로서의 연결감도 찾아볼 수 있었다. 이처럼 타인과의 관계가 나의 삶의 만족도에 큰 영향을 주는 의미라는 인식이 깔려있었다.

"일터에서도 혹은 일상에서 만나는 사람들과 모두 모두 친하고 다정하게 지내고 싶어. 그것이 삶의 만족도와 직결되는 것 같더라고."

"내가 경험하지 못한 것들의 이야기를 들을 때면 그 상황을 차근차근 이해하면서 나 자신을 그 상황에 던져봐 보곤 하는데, '나였다면 어떻게 행동했을까?' 라던지 '그 상황에서 어떤 감정을 느꼈을까?' 같은 여러 가지 생각들을 하게 되어 흥미로워."

"타인을 위한 삶을 살고 싶다는 생각을 해오며 자랐고, 그러한 일들을 하기 위해서 노력했어. 그 길이 행복하다고 느껴."

"나다운 게 무엇인지에 대해서 고민을 많이 해요."

'주관을 가짐'이라고도 해석할 수 있는 두 번째 축은 '나다움'이다. '나다움'을 찾고 싶다는 건 삶을 살아가면서 내가 어디에서든 지속적으로 추구할 수 있는 의미, '삶의 방향성'을 찾고 싶다는 목소리였다. 타인의 기준으로부터 오는 수많은 조언과 평가를 따라 사는 삶에 지쳤기에, 이제는 확고한 나만의 기준이 필요하다는 말도 함께 섞여 있었다. '나다움'이라는 확고한 방향성과 기준을 토대로 판단함으로써, 예측 불가능한 삶에서 오는 불안함으로부터 해방되어 안정된 삶을 누리길 원했다. 이처럼 Z는 궁극적인 삶의 의미를 찾기를 바라면서, 일상을 당장 내가 달성할 수 있는 작은 성취들, 의미 있는 것들로 채워가고 있었다.

"내가 인생에서 택한 길은 어느 정도 재미있는가? 생각해 보고 결정하는 편이야."

"'나다움'은 정말 중요한 것 같아. 자신의 신념, 기준, 가치판단이 있는 삶은 많이 건강한 삶 같아. 누군가의 의견에 계속해서 휩쓸리는 삶은 아주 불안정하거든."

"나는 일단 굉장히 남을 신경 쓰고 배려하는 사람인데 그러다 보니 어느 순간 "나"를 잃게 되더라고, 그래서 나다운 개성을 잘 세워 놓거나 남들과 다른 나에 대하여 생각을 많이 하고 있어."

"재미있어야 배우고 싶고, 그래야 잘할 수 있잖아요."

세 번째 축은 '전문성, 배움'이다. Z세대에게 재미는 성과와 맞닿아 있었다. 이들은 어떤 일을 할 때, 그 일을 통해 나는 무엇을 얻을 수 있는지, 나의 능력적 성장과 어떻게 맞닿아 있는지를 확인했다. 단순히 즐거운 감정을 주는 일이 아니라, 내가 잘하고 싶고 또 잘할 수 있는 일일 때 더 깊이 몰입하고 꾸준히 배워갔다. 좋아해야 자연스레 좋은 성과를 거둔다고 생각하기도 했다. Z세대는 이렇게 성과, 배움이라고 말할 수 있는 경험을 쌓는 것에서 재미와 성취감을 느껴왔다. 성과와 배움이 쌓여 전문성이 되고, 그 전문성을 토대로 어디에서든 인정받고 필요한 존재가 되어 경제적으로 안정을 누릴 수 있다고 생각하기 때문이다.

그뿐만 아니라 스스로를 긍정적으로 평가하고 인정하기 위한, 자존감의 근거가 되기도 했다. 이렇게 자신이 쌓은 성과, 전문성을 스스로 확인하고, 타인에게 인정받았을 때 뿌듯함과 안도감을 느꼈다.

한편 그 바탕에는 아무도 나를 책임져 주지 않는 사회에 스스로 살아남기 위해서는 인적 자원으로서 어디에서든 환영받을 능력을 키우는 것이 필요하다는 '생존' 욕구가 내재되어 있었다.

"즐기는 자와 억지로 하는 자의 결과는 정해져 있다고 생각하는 편이야."

"전문성을 가지고 어디에서 일을 할 때 인정을 받고 싶어."

"내가 지금 사회초년생이고 그동안 열심히 살아오긴 했지만 사회에 나가면 할 줄 아는 게 하나도 없단 말이야. 그런 것에 대한 불안함도 있고, 주변 환경이나 사회에서 새롭게 부상하는 것들을 나도 배우지 않으면 뒤처진다는 생각, 그러면서도 사실 스스로 배우는 걸 어느 정도 즐기기도 하고."

세 가지 축의 관계, 동기와 안정

Z세대가 재미(의미)있는 삶을 살기 위해 필요하다고 한 세 가지 축은 서로가 서로의 목적이자 수단이 되기도 한다. '타인과의 연결'을 통해서 나에 대한 배움을 얻고 '나다움'을 찾아가기도 한다. 반대로 '나다움'을 통한 확고한 기준을 세웠을 때, 타인과의 연결을 건강하

게 유지할 수 있게 된다. '타인과의 연결'을 통해서 새로운 관심사와 세상을 만나고, 배움을 얻기도, 서로 지지함으로써 효율성과 '전문성'을 얻기도 한다. 역으로 '전문성'과 '능력'이 있을 때, '타인과의 연결'의 폭이 넓어지고 풍부해진다. '전문성'을 키워 가려 노력할 때 내가 무엇을 잘하는지 좋아하는지 알게 되며, 나다워지기 위한 방향성과 기준을 수립하는 데 영향을 준다. 그리고 나다운 것이 무엇인지, 그 기준이 세워지면 전문성과 능력을 키우기 위해 꾸준히 달려갈 수 있는 동기부여가 된다.

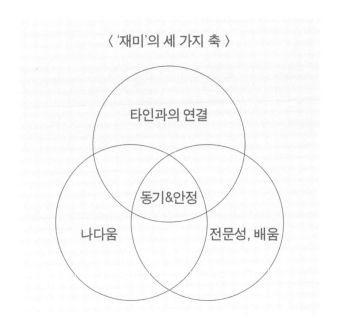

〈 '재미'의 세 가지 축 〉

타인과의 연결

동기&안정

나다움

전문성, 배움

(타인 → 나다움)

"다른 사람과 만남이나 연결을 통해서 나 스스로 나다운 게 뭔지 찾고 좀 많이 배운 것 같아! 그러면서 내 주관도 기르게 되고, 신념도 세워지게 되고!"

(나다움 → 타인)

"좋은 것들도 다른 사람으로부터 배울 수 있지만 그것도 내가 잘 세워져 있어야 더 좋은 효과가 나는 그런 느낌이 들었달까!"

(전문성 → 타인)

"이 재미는 내가 택한 일이든 그렇지 않든 내가 발 담고 있는 것에 자연스럽게 최선을 다하게 해주지! 그래서 중요해. 아 하나 더 말하자면 나의 이런 행동과 마음은 옆에 있는 사람에게도 영향을 주거든!"

(타인 → 전문성)

"자주 보고 싶은 사람이나 같이 있으면 즐거운 사람과 작업을 하면 일의 능률도 올라가고 내가 무슨 일을 하든 진심이 되어서 열심히 할 수 있다고 생각해."

(전문성 → 나다움)

"나다운 개성을 잘 세워 놓거나 남들과 다른 나에 대하여 생각을 많이 하고 있어. 이게 일에 대해서 풀어지면 전문성이라고 생각해, 내가 관심 있는 분야 내 철학이 담긴 전문적인 지식을 가지고 싶더라고."

(나다움 → 전문성)

"뭘 하던 남의 생각이나 강요가 아닌 내 결정으로 실행할 때 가장 의미 있고 내가 성장할 수 있는 기회가 되었던 것 같아."

이 세 가지 축이 떠받치고 있는 공통된 키워드가 있다. 바로 '동기'와 '안정'이다. 앞서서 말했던 세 가지 축은 억지로 시키지 않아도 자신이 하고 싶은 것을 즐겁게 하고 싶다는 이야기와, 경제적 심리적 안정을 누리고 싶다는 이야기로 귀결된다. 나름대로 가치 있고 의미 있는 삶을 산다는 만족스러운 감정을 누리면서 말이다.

정리해 보자. Z세대가 중요하다고 말하는 '재미'는 자신이 억지로 하지 않아도 자발적으로 할 수 있는 것, 스스로 즐겁게 움직이게 만드는 '동기'이며, 그것을 좇아도 '나는 잘살고 있어, 괜찮아'라는 '안정'을 주는 의미였다. 재미의 속뜻을 찾으면서, Z세대의 진짜 목소리가 들리기 시작했다. 이들이 원하는 삶은 내가 원하는 것을 하면서 큰 변동 없이 안정적인 삶을 누리는 것, "지속적으로 만족스러운 삶"이었다.

Gen Z's relationship dilemma
Z세대의 관계 딜레마

우리는 Z세대의 행동 이면에 대한 동기를 살펴보았다. Z세대에게서 보이는 모습은 개인주의적이고 경계가 명확한 것을 선호한다. Z세대가 그러한 행동을 하기로 결정하는 데에 영향을 준 환경들을 살펴보았고, 그러한 환경에서 지내온 Z세대의 진짜 목소리를 엿들을 수 있었다.

우리는 Z세대의 보이는 행동과 진솔한 목소리를 곰곰이 생각해보다가 모순되는 지점들이 있다는 걸 깨달았다. 이들이 말하는 관계에 대한 욕구와 실제적인 행동에는 딜레마가 있었다. 이들이 갖고 있는 관계에 대한 딜레마를 살펴보며, Z세대에게 필요한 것은 무엇인지 살펴보고자 한다.

'우리'가 필요하지만, '나'만 집중하는

Z세대는 모임, 동아리, 커뮤니티를 만든다. 그 모임은 취향을 기준으로 모이기도 하고, 취미를 중심으로 모이기도 한다. 이러한 모습들만 보았을 때 Z세대의 개인주의적인 성향이 잘 보이지 않는 것 같다. 그러나 앞서 말했듯이 커뮤니티와 공동체는 차이가 있다. 더 자세히 말하자면 Z세대가 향하고 있는 곳은 개인의 성장을 위한 커뮤니티다. 탁월한 개인이 되기 위한 커뮤니티는 활발해지고 있다. Z세대에게 커뮤니티는 어차피 가야 할 길을 함께 가며 덜 어렵게 가는 모임이다. 결국, 나 자신을 더 강화하기 위해 '우리'로 모인다. 그러나 공동체라 부를 수 있는 커뮤니티는 점점 사라지고 있다. 공동체라는 용어 자체가 사회에서 사라져가고 있다.

공동체는 서로의 삶이 어우러지며 섞이는 곳이다. 공동체는 하나의 목표를 향해 하나처럼 움직인다. 우리는 그저 단순히 모이는 것을 넘어서 전인적으로 성숙해지는 과정이 필요하다. 우리는 진짜 우리가 필요하다.

"여기에 모여 있는 사람들은 다 열심히 사는 사람들로 많이 모여 있기 때문에 항상 저한테 동기부여가 돼요. 그들이 사는 삶만 보더라도 나도 열심히 살아야겠다는 그런 생각이 저절로 들게 되는 그런 집단이기도 하면서 제가 이곳에서 굉장히 많은 몰입을 하다 보니까 여기를 만드신 분의 거의 오른팔 격에 일을 많이 하고 있어서 그런 소속감. 직장인 분들도 많이 계셔서 그분들이 어떻게 자신의 커리어를 쌓아가는가를 보면서 그런 성장과 가치관에 대한 길잡이가 되어 주시는 분들도 있어요."

"일요일 밤 8시가 되면 줌을 켜서 한 주 동안의 일과에 대해 나눠요. 짧게 '난 이거를 했다. 그리고 이번 주 계획은 이거야'. '이럴 거야!'가 아니라 '이럴 거야~' 정도의 분위기고요. 달이 시작되거나 끝나면 그달을 피드백합니다. 이건 이랬고, 저건 저랬고. 그리고 전체의 1년을 이야기하기도 하고. 그 주에 늘 반복되는 것 같지만 이번 주에 위로가 됐던 음악을 이야기하기도 해요. 이런 식으로 서로 각자만의 리추얼로 자리 잡은 클럽이 있어요."

"주변 관계들을 통해 결국, '나'를 밝혀내고 싶은 마음에 힘을 쓰게 되는 거 같아."

외롭지만, 도움을 요청하지 않는

Z세대는 독립을 최대한 도움을 받지 않고 스스로 자립하는 역량이라 생각하는 것 같다. 서로 도움을 주고받는 엉킨 관계보다 가능한 도움을 주고받지 않을 수 있는 관계를 더 선호한다. 서로 기대하지도 않고 실망하게 하지도 않는 관계. 아니 그런 나 자신을 선호한다. 성인으로서 자신이 해야 할 일은 스스로 처리할 수 있는 문제해결 능력의 소유자. 그러한 자아상이 있다. 외로울 때 누군가에게 도움을 요청하지 않는다. 애초에 요청한다고 해서 적절한 도움을 받을 수 있을 거라 기대조차 하지 않는 것처럼 보인다. 오히려 외로울 때도 더욱 자기 자신에게 집중한다고 말한다. 물론 외로움이 언제나 관계로 해결되진 않는다.

그러나 우리의 외로움은 많은 부분 깊고 풍성한 관계에서 해결된다. 하지만 Z세대는 웬만하면 홀로 해결해야 한다는 알 수 없는 요구에 응하느라 아주 가까이에, 손 뻗으면 있는 다른 손을 잡지도 보지도 못한다. 그리곤 생각하게 된다. '다들 외롭게 사는 거겠지.', '다들 서로에게 무관심하겠지.' 이러한 생각이 심화될수록, 타인은 내 주변에 눈엣가시, 위험 요소가 되어간다. 이 모든 것의 시작은 사실 어느 날 조금씩 자라온 외로움이다.

"내 문제와 착 달라붙어 있는 나를 보고 있어."

"수많은 인간관계 속에 놓여 있지만 그것이 나 자신을 지켜줄 수 없다는 것을 알기 때문에."

"난 혼자 살기도 하고, 직장 근처에서 자취하고 있어서 주변에 친한 사람들이 거의 없어. 그래서 스스로에 더 집중하는 시간을 가지고 있어."

"나 자신에 대해 끝없이 생각하게 돼. 나를 미워하고 자책하고 깎아내리다가도 또 보듬어주고 용서하고 칭찬하고 동기 부여해 주고 혼자 북 치고 장구 치고 다해.
이 세상에 나 자신만큼 나를 사랑해 줄 사람은 없다고 생각하거든. 내가 남에게 별 관심 없듯이 다른 사람이 나에게 이만큼의 관심과 사랑을 쏟기는 불가능한 일이라고 생각해서 나를 아껴주려고 노력하는 편이야. 부작용은 남에게 너무 무관심해지더라."

연결되고 싶지만, 상처가 두려운

생겨난 문제를 홀로 해석하는 과정이 반복되면 사람은 객관적으로 생각하기 어렵다. 누구나 그렇다. 자신에게 일어난 문제를 누군가와 함께 해석해 보는 과정이 생략되면 오류 난 결론을 고치기 몹시 어렵다. 오히려 오류 난 그 문장을 강화하는 해석들이 계속해서 쌓일 것이고, 그렇게 자신의 자아상과 타인을 바라보는 시선에 큰 오류가 생긴다. Z세대를 포함한 우리는 모두 누군가와 깊이 연결되기를 갈 망한다. 그만큼 충족되지 않았을 때 상처와 충격이 크다.

관계가 흔들릴 때 우리의 세계가 흔들린다. 누구나 무너질 수 있다. 우리는 모두 가장 약해진 그때 나와 다른 이(들)에 대해 건강하게 거리를 두고 이야기를 해줄 사람이 필요하다. 또, 때론 가까운 거리에서 나의 감정을 알아주는 사람이 필요하다. 그러나 Z세대는 자신의 문제를 잘 공유하지 않는다. 속마음을 내비치는 것은 약하고 안전하지 않은 것이다.

Z세대가 가진 독립에 대한 생각은 그마저도 타인에게 짐을 지우는 것이라 말한다. 그렇게 홀로 해석한다. 홀로 정리한다. 홀로 처리한다. 그 경험을 토대로 또 다른 관계들을 맞이한다. 그래서 과거의 상처가 아주 오래가며 오늘의 관계와 엉긴다. Z세대의 답변들에서 이러한 현상을 엿볼 수 있었다. 장난으로 시작한 작은 불씨는 어찌해야 할지 갈팡질팡하는 사이에 크게 번져 쉽사리 지워지지 않는 흉터로 남는다.

"중학교에 입학하고 한 친구에게 내가 장난을 쳤는데 그 친구가 그게 기분이 나빴나 봐. 그래서 원래 다니던 무리와 내가 멀어지게 되었어. 이때 인간관계에 어려움을 느꼈어. 친구들을 대할 때 약간의 벽이 생긴 것 같아."

"5~6년 오래 알고 지낸 친구가 아주 사소한 이유로 사이가 소원해지게 된 경험이 있어. 그 이후로 사람과의 관계에서 덧없음을 느껐어. 영원한 건 없고 내가 견고하게 만들려고 애쓰지 말고 흐르는 대로 흘러가야겠구나 느꼈어."

"결국 나 자신을 사랑해 줄 사람은 나뿐이더라구."

관계 맺고 싶지만 방법을 모르는

Z세대는 연결되고 싶어 하고 소속감을 느끼고 싶어 한다. 외로움을 어떻게 해결해야 할지 모른다. Z세대는 관계에 대해서 민감하게 반응한다. 진실한 관계에 대한 기대가 Z세대의 마음속 깊이 있기 때문에 때론 온 감각이 곤두세워져 관계에서의 많은 것들을 관찰하고 감지한다. 사람들을 만나고 돌아와서는 홀로 관계에 대해 깊이 회고한다. 그리곤 관계들을 정리한다. 때론 스스로가 관계적 역량이 부족하다고 느끼거나 이를 어떻게 배우고 다뤄야 할지는 모른다. 이 모든 것들을 오랜 시간 홀로 고민하고 있기 때문이다.

이러한 회피적인 혹은 자기 몰입적 성향으로 Z세대는 깊은 관계를 맺는 것에 대해 큰 두려움을 느낀다. 그렇게 채워지지 않는, 앞으로도 채워질 수 없을 것 같은 관계적인 필요를 경험하며 오히려 관계 없이 살 수 있을 거란 신기루를 좇는다. 그러나 그 끝엔, 자기 파괴만이 남아 있음을 마주한다.

"밖에서 맺은 인간관계에 대해서 혼자 생각 정리를 하면서 그 사람에 대해, 나에 대해, 인간에 대해 고민해 보는 거지. 그렇게 나 자신에 대해 깨달은 것도 있지만 그렇게 좋은 방법은 아닌 것 같아. 나는 스스로 사회성이 부족하다고 느낄 때가 많아. 특히 나와 결이 다른 사람과 대화하는 걸 어려워하거든. 누군가에게 맞춰주기보다 나에게 맞춰주길 기다리는 편이야. 많이 성숙하지 못한 것 같아."

"연애할 때 너무 힘들었어요. 연애하면 사귀는 것까지만 생각을 했지, 그 관계를 이어가는 거에 대한 생각을 한 번도 못 해봤던 거예요. 지금도 조금 어려운 면이 있어요. 연애를 시작하거나 깊은 관계를 맺는 데 있어서 여전히 두려워해요. 이런 부분이 저는 가장 어려워요."

"지금까지 저는 사람에게 영향을 안 받는다고 생각했는데 사실 엄청 영향을 많이 받는 사람이었어요. 저는 사람을 필요로 하는데, 그만큼 사회성이 받쳐주지 않아서 항상 욕구불만인 채로 살아왔던 거예요. 이제는 일정 수준 이상의 관계를 계속 유지해야 삶의 만족도가 어느 정도 있다는 걸 알고 있죠."

Gen Z's ESG possibility
Z세대에게서 발견한 지속가능성 ESG

Z세대는 함께 일하기에 호락호락하지 않다. 이전의 어떤 세대와 비교할 수 없을 정도로 많은 지식을 어린 나이에 빠르게 축적했고, 공정함에 대해서 날카로운 레이더를 세우고 있으며, 빠르고 조급하게 결정하고, 조직 전체를 보기보다는 자기 자신을 중심으로 판단하고 행동한다. '이들이 정말 우리의 동료로서 함께 갈 수 있을까?' 고민을 하는 것도 당연히 이해는 간다. 하지만 누군가를 온전히 알려면 행동, 말, 마음을 종합적으로 함께 들여다봐야 한다.

우리는 Z세대의 목소리를 통해 그들의 미확인되었던 마음을 들여다볼 수 있었다. 겉으로 드러나는 모습에 다 담기지 않은 그들의 진짜 가능성을 발견할 수 있었다. 바로 배움을 통해 성장하고 싶은 열망(Eager to learn), 사회에 기여하고 싶은 열망(Social contributor), 좋은 관계를 가꾸어 가고 싶은 열망(Good relationship wanter)이다.

많은 기업이 집중하고 있는 ESG 경영은 멀리 있지 않다. Z세대가 갖고 있는 열망들이 발현될 수 있는 환경이 조직문화로서 마련된다면, ESG 경영은 자연스럽게 따라올 것이다. 이 챕터에서 Z세대가 가진 ESG 열망이 어떻게 조직의 지속가능성으로 이어질 수 있는지 함께 살펴보자.

E - Eager to learn

배움을 통해 성장하고 싶은 열망

Z세대는 '배움'의 가치를 아는 사람들이다. 이들은 삶의 모든 순간이 배움으로 채워지길 원한다. 어떤 경험이든 배움으로 연결해서 보려는 마인드셋은 이들로 하여금 끊임없이 성장하게 한다. 성장하지 않으면 죽어있는 것 같다고 극단적으로 표현할 정도로 이들에게 있어서 성장은 생존 그 자체와 직결된 중요한 가치이다.

만약 조직 안에서 더 배울 수 있는 게 없다고 생각된다면, 개인으로서 성장하고 있다는 감각이 느껴지지 않는다면, 이들은 자신의 생존을 위해 새로운 배움과 성장이 있는 곳으로 홀연히 떠날 것이다. 하지만 반대로 배움과 성장이 보장되어 있다면 Z세대는 얼마든지 그곳을 선택할 것이다. 이들이 말하는 배움은 사내 복지 차원의 도서 구입비 지원, 외부 강의 지원 정도만을 뜻하지 않는다. 자신이 추구하는 궁극적인 비전을 읽어주고, 그 방향으로 전인적으로 성장할 수 있도록 지원하는 배움이라고 보는 것이 더 적절하다.

피터 센게의 〈학습하는 조직〉은 오래도록 살아남는 조직의 특징으로 '학습'을 강조한다. 조직은 학습하는 개인을 통해서만 학습할 수 있고, 개인이 학습하지 않으면 조직의 학습도 일어나지 않는다고 말한다. 학습하는 개인으로 인해 학습하는 조직이 만들어지고 조직의 성장과 지속가능성을 만든다는 측면에서, Z세대는 학습하는 조직의 문화를 만드는 구성원이 될 충분한 가능성을 갖고 있다.

"내가 어떤 경험을 하든지 간에 거기서 배울 수 있는 게 있다면 그건 가치가 있다고 생각해. 성공을 하든 실패를 하든, 도전을 하든 도전하지 않든, 인간은 끊임없이 배우고 성장해야 한다고 생각해!"

"배우는 게 없으면 무료해."

"새롭게 배우는 것들이 없으면 성장은 멈추고 죽어있는 기분이야."

"어차피 나는 배우러 간 거니까 혼나는 건 당연하다고 생각했고 내가 미숙한 것도 당연하다고 생각했어. 초보 때는 실수를 통해 배우니까 어쩔 수 없지."

"배움! 한곳에 머무르기보단 새로운 것을 배우고 도전하는 과정이 나에게는 나다움을 유지하는 중요한 것이었어."

"나는 가만히 앉아서 쉬는 걸 못 하는 성격이야 반드시 할 일이 있어야만 하고, 그 일은 생산적인 일이어야만 하지. 배워서 남 주는 게 내 취미인 거 같아. 그래서 꾸준히 배우고 성장할 수 있는 회사면 좋겠다고 생각했어."

"어떤 경험을 하든 재미있어야 하고, 배우는 게 많아야 힘들어도 나 자신이 성장하는 것 같아. 난 계속 내가 더 배우고 성장할 수 있는 곳에서 일할 거야!"

S - Social contributor

사회에 기여하고 싶은 열망

Z세대는 자신이 하는 일을 통해 더 나은 사회를 만드는 것에 기여하고 싶어 한다. 그렇기에 자신의 소중한 삶의 시간을 쓸 회사가 더 나은 사회를 만드는 것에 기여하는 곳인지는 회사를 선택하는 데에 있어서 중요한 기준이다. 이들은 자신이 갖고 있는 역량과 전문성이 사회에 기여됨을 느낄 때, 자신이 세상에 존재하는 이유와 존재감을 느낀다. 성장하고자 하는 열망이 자기 자신을 위함도 있지만, 종국에는 자신의 역량이 좋은 사회를 만드는 데에 일조하고 싶어 하는 기특한 마음을 가졌다.

Z세대의 감각 중 하나인 부당함에 대한 센서와 Z세대의 대표적 특징인 공정함에 대한 민감성은 자기 자신을 보호하기 위해 쓰이지만, 한편으로는 사회를 향해 민감하게 발휘되기도 한다. CONE의 '2019 Z세대 퍼포스 스터디(Gen z purpose study)'의 조사에 따르면 Z세대의 90%는 기업이 ESG 이슈 해결을 도와야 한다고 믿고 있

다고 답했으며, 75%는 기업이 그 약속을 정말 좋는지 직접 확인하겠다고 답했다.[7] Z세대가 말하는 공정성의 완성은 진정성이다. 이들은 현실적이고 합리적인 시선을 갖고 있기에 눈 가리고 아웅 하는 위장에 쉽게 속지 않는다. 대한상공회의소에서 진행한 연구에 따르면 70%의 응답자가 사회적 물의를 일으킨 제품을 구매하지 않은 적 있다고 답했다, 63%의 응답자는 기업의 ESG 활동이 제품 구매에 영향을 준다고 답했다.[8]

Z세대는 한마디로 조직 내에 있는 또 다른 소비자이자, 조직 내의 ESG 경영의 진정성을 확인할 수 있는 리트머스지 같은 존재다. Z세대가 가진 더 나은 사회를 위해 기여하고 싶은 열망은 작은 불꽃이다. 이들이 가진 이 열망이 조직 내에서 실현될 수 있다면, Z세대는 자신이 하는 일과 자기 자신에 대한 자부심을 느끼며 조직의 지속가능성을 함께 만들어 갈 것이다.

"많은 걸 배우는 것에서 그치는 것이 아니라 배운 것을 바탕으로 남들에게 도움이 되는 일을 하고 싶어서."

"하는 일이 사회에 어떤 긍정적인 영향을 미치는 지가 내 진로 선택에 아주 중요한 자리를 차지하고 있어."

"일을 함에 있어서 나는 '내가 사회에 도움이 되었다, 나는 필요로

---

[7] 2019 Z세대 퍼포스 스터디 (https://conecomm.com/cone-gen-z-purpose-study)

[8] 대한상공회의소 'ESG경영과 기업의 역할에 대한 국민인식 조사' (2021. 5. 31)

한 사람이다'라는 것을 느끼면 다른 것보다 동기부여도 되고 뿌듯하더라."

"나의 능력이 사회에 도움이 된다고 생각하기 때문에 나의 능력이나 역량으로 사회를 더 낫게 만들고 싶어. 난 그런 일들을 할 때마다 내가 사회에 유용한 존재라는 걸 깨닫고 엄청난 성취감을 느끼게 되더라고. 우연들이 점철되어 있는 이 사회에서 난 행운인 편에 속하고, 이런 내가 사회를 위해서 기여하는 게 옳다고 생각해. 그러면서 자기 효능감을 느끼는 거지!"

"긍정적인 사회가 되려면 모두가 나답게 사는 게 중요하다 생각해왔기도 하고. 그런 사회를 만드는데 내가 보태려면 내 능력이 필요하다 생각해서 전문성이 필요하다 생각해 왔어."

"배움, 성장은 존재 이유라고 생각해. 조금이라도 더 나은 사회를 만들 수 있도록 기여하고 싶다는 생각이 들어."

"사회적으로 조금이라도 기여할 때 가령 동네 커뮤니티에 도움을 주고받거나, 공공 발전이나 단체의 선행을 만들어내는 곳에 기여할 때 효능감도 얻고 기분도 좋아."

"사회에 미치는 영향을 생각하는 회사, 즉 돈 그 너머를 지향하는 정신을 가진 회사가 미래적으로 가치가 있을 것 같아."

"재미없으면 안 하고 싶고 사회적으로 좋은 일이 아니면 재미가 없어!"

G - Good relationship wanter

좋은 관계로 연결되고 싶어 하는 열망

Z세대가 개인주의적이고 관계를 중요하게 여기지 않을 것이라는 일반적인 선입견과 달리, Z세대는 좋은 관계를 맺으며 연결되고 싶어 하는 열망을 내비쳤다. 이전 세대에 비해 좋은 관계들을 직접적으로 경험할 기회가 상대적으로 적은 환경에서 성장했음에도, 관계가 자신의 삶에 영향을 미치는 중요한 요소라고 답했다. 자신을 중심으로 주변의 관계들이 자신의 세상과 사회를 이룬다는 것을 알고 있기에 좋은 관계와 연결되기를 원했으며, 자신 삶의 만족도와 직결되어 있기에 주변 관계가 행복하기를 원한다고 말했다.

Z세대는 자신의 자기다움이 존중받는 것이 당연하듯, 다른 사람들의 고유함도 존중해야 한다고 믿는다. 자신의 존재가 조직에서 있는 그대로 수용되고 가치 있다고 여겨지기를 원하는 것처럼, 주변 동료를 포함한 모두가 가치 있게 여겨지고 지지 받는다고 느끼기를 원한다. 이들이 마치 피부처럼 탑재하고 있는 이러한 포용성은 최근 글로벌 기업뿐 아니라 국내 기업들까지 주목하는 HR 트렌드 DEI(Diversity, Equity and Inclusion; 다양성, 형평성, 포용성)과 긴밀하게 이어져 있다. 딜로이트에서 진행한 연구[9]에 따르면 포용적인 조직문화는 생산성을 3배 이상 증가시키고, 더 나은 비즈니스 결과

---

[9] Deloitte Review - The diversity and inclusion revolution, 2018

를 만들 가능성이 8배 더 높다는 연구 결과가 있을 정도로, 포용성을 갖춘 조직문화는 조직의 성장에 직결되어 있다.

우리 조직의 문화가 충분히 포용성이 있는지, 발전시키려면 무엇이 필요한지에 대해 외부 전문가에게 물어볼 필요 없이, 이들이 실제로 어떻게 느끼는지를 묻고 이들이 가진 포용성이 충분히 발현되고 있는 환경인지를 점검한다면 포용성을 갖춘 성장하는 조직으로 발전해 나갈 수 있을 것이다.

"내가 뭔가 잘 해낼 때 그리고 잘 해내고 싶을 때, 성장하고 있을 때 에너지를 얻거든. 다른 사람이 그러는 모습을 봐도 얻고. 근데 이 회사는 하는 일이 다른 사람의 성장을 돕는 일이면서 동시에 조직 문화 측면에서 나 또한 잘 성장할 수 있는 곳이라 느껴서 금상첨화 같았달까."

"나에게 '일의 의미'는 굉장히 중요해. 우리 모두는 삶을 살아가면서 가장 많은 시간을 보내는 곳이 회사야. 나는 나뿐만 아니라, 모든 사람이 직장에서 더 행복한 삶을 보낼 수 있도록 도와주고 싶어. 그래서 나는 계속 배우고 싶고, 성장하고 싶어."

"내가 올바로 서 있어야 꿈도 커리어도 바른 방향으로 가는 거 같아. 무슨 일이든 나만 만족하는 것이 아닌 사회에 약자를 돕는 일을 하고 싶었고. 그 일들을 혼자 할 수 없기 때문에 함께 하는 사람들과의 관계가 중요하다고 생각해!"

"먼저 나는 친한 사람들과의 관계에서 나는 행복감을 느껴. 그래서 일터에서도 혹은 일상에서 만나는 사람들과 모두 모두 친하고 다정하게 지내고 싶어. 그것이 삶의 만족도와 직결되는 것 같더라고."

"내가 일하는 분야에서 탁월한 능력을 갖고 싶어. 내 스스로 내 일에 보람을 느끼고 싶고, 함께 일하는 사람들에게 인정도 받고 싶어. 그건 아마 다른 사람들과 좋은 관계를 유지하고 싶어 하는 마음과도 관계가 있을 거야."

"나는 일의 재미가 사람들과의 유대나 연계에서도 올 수 있다고 생각해. 자주 보고 싶은 사람이나 같이 있으면 즐거운 사람과 작업을 하면 일의 능률도 올라가고 내가 무슨 일을 하든 진심이 되어서 열심히 할 수 있다고 생각해."

"나와 관계를 맺은 사람들이 내 세상을 이루니까"

"내가 어느 누구와 함께 하느냐에 따라 '나'도 정말 많이 바뀜을 느끼고 있어. 나는 주변 관계, 환경에 의해서 영향을 많이 받는 것 같아. 이게 설명이 잘 안되는 것 같은데, 여튼 그래!"

"나는 인간관계가 중요한 것 같아! 인간관계가 원만해야 안정감을 느끼고, 다른 일도 잘하더라구!"

STORY
4

Z세대와 함께
미래로 나아가다

Into the unknown with Gen Z
Z세대와 함께 미래로 나아가다

미래로의 항해, 조직에 필요한 진짜 거버넌스

ESG 중 G에 해당되는 거버넌스(Governance)의 어원은 kubernáo (그리스어)로 알려져 있다. 플라톤은 이 단어를 '배를 조종하다'라는 뜻으로 사용했다고 한다. 즉, 배가 목적지를 향해 가기 위해 모든 사람이 힘을 합해 배를 젓는 것을 의미하며, 이것이 거버넌스의 어원이 되었다는 것이다.[10] 거버넌스의 다른 표현인 '지배구조'가 주는 어감과 의미와는 상당히 거리가 느껴진다. 거버넌스를 연구하는 학자들은 거버넌스에 적합한 한국어가 없기에 그냥 '거버넌스'로 부르기로 했다고 한다. 거버넌스의 학문적 정의로는 공식적인 권위 없이도 다양한 행위자들이 자율적으로 호혜적인 상호의존성에 기반을 두어 협력하도록 하는 제도 및 조정형태 《Kooiman & Vliet, 1993》, 조직의 집단적 활동을 이끌고 제약하는 공식 혹은 비공식적 과정과 제도들 《Keohane & Nye, 2000》이다.[11]

---

[10] [ESG의 이해] 'G'를 '지배구조'라 부르면 곤란한 이유, ESG 경제, 2022
[11] ESG Handbook Governance, 사회적가치연구원, 2023

만약 조직이 하나의 배라면, 기업의 오너는 선장일 것이고, 거버넌스로 대표되는 이사회는 조타실에서 먼바다를 내려보고, 지도와 비교하여 보며 항해의 방향과 전략을 구상하는 사람들일 것이다. 이들의 의사 결정은 곧 조직의 항해 여정을 만든다. 최근 거버넌스가 오너 1인 독재의 지배구조에서 주주 중심 또는 이해관계자 중심으로 바뀌는 흐름으로 만들어지고 있다지만, 이 항해에 있어서 정말 중요한 이해관계자들은 놓치고 있다. 바로 갑판이라는 현장 위를 뛰어다니며 배가 앞으로 나아가게끔 일하고 있는 조직의 구성원이다. 배에서 물이 새는 곳은 어디인지, 나사가 헐거워져 위험한 부분은 어디인지, 불어오는 바람의 냄새와 촉감을 통해 어떤 방향이 목적지에 가까운지를 피부로 느끼는 이들이야말로 조타실보다 빠르게 문제와 기회를 포착할 수 있는 이해관계자들이다.

이들이 어떤 마음으로 항해에 참여하는지에 따라, 항해 전반의 속도와 안전과 방향에 영향을 미친다. 미래라는 미지의 바다에서 우리 조직이라는 배가 좌초되지 않고 나아가기 위해서, 선원들인 조직의 구성원이야말로 조직에서 가장 주목해야 하는 거버넌스이자 항해의 지속가능성을 만드는 사람들인 것이다.

빙산의 일각 Z세대, 미래를 위한 단서가 되다

최근 신규 입사자들이 1년을 채 채우지도 않고 빠르게 퇴사하는 현상이 눈에 띄고 있다. 한 조사[12]에 따르면 기업의 10곳 중 7곳이 MZ세대의 조기 퇴사가 이전 세대보다 많으며, 그 이유는 '개인의 만족이 훨씬 중요한 세대라서'가 첫 번째, '평생직장 개념이 약한 환경에서 자라서'가 두 번째로 꼽혔다. 변화가 빠르고 미래가 불확실한 상황 속에서 조직은 개인의 '평생'을 책임져 주지 않는다. '평생직장 개념'이 약한 것은 개인의 선택이 아닌 사회 변화 흐름에 맞추어 당연하게 따라온 결과다. 개인의 만족이 중요한 것은 세대의 특징이라기보다는 모든 인간의 기본적인 본능이다. 반대로 말해 개인이 만족할 수 있는 여건이 조직 내에 있었다면 퇴사라는 결정을 그렇게 쉽고 빠르게 내리지 않았으리라 생각할 수 있다.

2022년 기준 1년 이내 퇴사한 직원이 있냐는 질문에 84.7%의 회사가 '있다'고 답변했다. 1년 전인 2021년 조사 결과보다도 10.1%나 증가한 수치다. 구성원이 빠르게 조직을 이탈하는 속도는 앞으로 더 빨라지고, 사람도 많아질 것이라는 예측도 어렵지 않게 할 수 있다. 이제 기업은 소비자의 선택을 받기 위해 애쓰는 것을 넘어, 구성원의 선택을 받기 위해 애써야 하는 과제에 당면했다. '구성원의 조기 퇴사'라는 새로운 빙산을 마주한 것이다.

---

[12] 인재 유출 심각… 기업 84.7% 1년 이내 조기퇴사자 발생!, 사람인, 2022

이제는 신규 구성원이 퇴사하는 현상인 빙산의 일각만 볼 것이 아니라, 이들이 퇴사하는 이유와 어떻게하면 이들이 조직에 남기를 결정하는지를 알아보며 빙산의 정체를 파악하고 앞으로의 항해를 대비해야 한다. 항해라는 여정을 만들어 갈 훌륭한 선원들이 배에 남아있지 않는다면, 그 어떤 좋은 엔진과 선장이 있다 해도 항해는 오래 지속될 수 없다. 그렇다면 훌륭한 선원들이 다른 배로 떠나지 않고, 우리의 배에 남기 위해서는 무엇이 필요할까? 어떻게 알 수 있을까?

Z세대는 빠르게 판단하고, 빠르게 행동한다. 지금까지의 경향성으로 미루어 볼 때 앞으로 미래에서 마주할 그다음 세대의 속도는 더욱 빨라질 것이다. Z세대는 가장 먼저 도착한 미래다. 이 대상이 바라보는 시선과 움직이는 방향을 바라볼 때, 우리는 미래로 가는 단서를 얻을 수 있다. Z세대의 빠른 반응은 성급해 보일 수 있지만, Z세대의 반응을 우리 조직의 상태를 확인하는 리트머스지처럼 활용한다면 조직을 실시간으로 확인하고 점검할 수도 있다는 뜻이다. 우리는 Z세대의 목소리로 들은, Z세대가 원하는 조직문화를 통해 '구성원의 조기 이탈'이라는 빙산을 피하는 방법과 Z세대를 포함한 모든 조직 구성원이 소속되기를 원하는 조직 문화는 무엇인지 제안하고자 한다.

Gen Z's company selection standards
Z세대는 어떤 회사를 선택하는가?

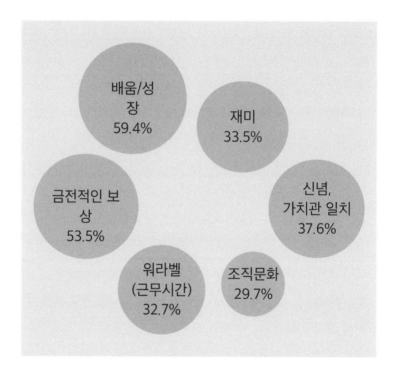

온라인 서베이를 통해, Z세대의 회사 선택 기준 3가지를 들어보았다.

이 기준은 Z세대가 어떤 것을 기대하며 회사에 들어오는지, 회사에 바라는 것은 무엇인지, 이들과 함께 일하고자 하는 기존의 구성원에게 보내는 신호처럼 보였다.

솔직하고 한편으로는 긴급해 보이는 그 신호를 함께 해석해 보자.

1. 배움 (60명)

현재 회사를 선택할 때 중요한 가치가 무엇인지 물어보았을 때, '배움, 성장'이 가장 중요한 가치로 여겨졌다. 배우는 것 자체가 현시기에(주니어) 해야 할 것이라는 생각이 있었으며, 회사에서의 업무가 학교에서와는 달리 진짜 배움이라고 생각하는 인식도 엿볼 수 있었다. 회사의 지향점이나 업무가 자신이 미래에 하고 싶은 일과 일치한다는 생각이 들어서, 생각한 진로가 실제로 자신이 원하는 진로인지 경험하기 위해서 회사를 선택하기도 했다. 회사에 들어가는 것을 탐색의 의미로 생각하기도 했다.

사회진출을 앞둔 Z에게 회사는 아무것도 모르는 미지의 세계라고 답하기도 했으며, 아직 진로의 방향을 잡지 못한 Z는 무엇을 좋아하고 잘하는지 찾고 배우고 싶어서 일단 입사를 결정하기도 했다. 가장 많은 시간을 보내는 곳이 회사이며, 그렇기에 자신이 얼마나 성장할 수 있는가가 회사에서 지속적으로 일하기 위해 중요하다고 말했다. 배움은 업무가 단순히 돈 버는 것으로 전락하지 않도록 해주는 가치라고 여겼다. 일을 통한 배움이 자신의 전문성을 상승시키는 것에 중요하다고 했으며, 자신의 사회적 가치를 끊임없이 올려야 한다는 인식도 찾아볼 수 있었다.

"세상에는 다양한 배움이 있는데 회사에서 일하는 건 지금껏 내가 경험하지 못한 배움이라서 중요한 것 같아."

"내가 하고 싶은 업무에 이 일이 도움이 될 것 같다고 생각했고, 실제로 내가 이 일이 맞는지 검증도 해보고 싶었던 거 같아!"

"나에게 '일의 의미'는 굉장히 중요해. 우리 모두는 삶을"살아가면서 가장 많은 시간을 보내는 곳이 회사야. 나는 나뿐만 아니라, 모든 사람이 직장에서 더 행복한 삶을 보낼 수 있도록 도와주고 싶어. 그래서 나는 계속 배우고 싶고, 성장하고 싶어."

2. 재미 (54명)

두 번째로 가장 중요하다고 생각한 회사 선택 기준은 '재미'였다. 회사 경험이 있는 Z세대가 회사를 다니기 전과 비교했을 때, 현재 회사를 선택하는 데 있어서 재미가 더 중요한 선택기준이 되었다고 답했다는 점을 눈여겨볼 수 있다. ((회사 경험 있는 79명 기준 22명, 27.8% (3위) 〉 41명, 51.9% (2위)). '재미'는 회사에 오랫동안 근무하기 위한 조건이었다. 업무 만족도를 느끼는 데 있어서 가장 중요한 요소였으며, 일의 의미를 찾을 수 있는 중요한 요소였다. 이어서 회사 경험이 없는 Z세대, 즉 사회진출을 앞둔 Z세대 응답자에게는 가장 중요한 선택 기준이기도 했다.

(22명 기준 13명, 59.0% (1위))

"재미는… 포기할 수 없지 아무리 성장하고 배울 수 있다고 해도 그 일이 재미가 없다면 오래, 열심히 하기 힘들 것 같아."

"뭐든 지 내가 재미를 느끼지 않으면 그 일은 지옥같더라고… 무엇보다 재미가 없으니 내가 하는 업무에 최선을 다하게 되지 않고, 그냥 오늘 이 하루가 얼른 끝나버렸으면 하는 마음뿐이야. 그렇기 때문에 내가 재미를 느끼는 것이 가장 중요하고."

"같은 일만 반복적으로 하는 일을 했었는데 이걸 몇십 년을 한다고 생각해 보니 앞이 캄캄해지더라고. 그래서 어느 정도 재미가 있고 성취감이 있는 일이었으면 좋겠어."

3. 금전적인 보상 (47명)

세 번째는 '금전적인 보상'이었다. 업무 외적인 삶의 풍요와 생존을 책임지고 있는 요소로 여기는 만큼, 정도의 차이가 있을 뿐 회사 선택에 있어서 필수적으로 고려하는 요소였다. 금전적 보상은 자신이 일한 것에 대한 대가로, 자신의 노동, 노력에 대한 회사의 인정이었다. 돈을 버는 것이 회사에 다니는 주된 이유라고 생각하기도 했다.

"금전적인 보상도 중요하더라고. 나의 미래를 설계하는 데에 있어서 금전적인 건 빼놓을 수가 없겠더라. 집값, 결혼 등등 생각하려면 돈이 필요해."

"금전적 보상은 두말할 필요 없지. 내가 열심히 일한 것에 대한 가장 직접적인 보상이니까."

"돈도 무시를 못 하겠더라고. 먹고 살 수 있는 정도로 버는 것보다 조금은 더 나의 취미까지 여유롭게 즐길 수 있는 정도까지 벌고 싶어!"

4. 신념, 가치관과의 일치 (38명)

신념, 가치관과의 일치는 일을 하는 의미를 찾게 해주는 가치였다. 자신의 꿈을 실천하는 느낌에서 재미와 자발성이 생기기도 했으며, 주도적으로 일하기 위해서 필수적인 조건이라고 답했다. 자신의 방향성이 생기고 그 방향성과 맞는다면 금전적인 보상이 주어지지 않더라도 다닐 수 있을 것이라는 답변도 있었다. 이처럼 신념, 가치관과의 일치는 만족스러운 근속을 위해 필요한 조건이었다. 눈여겨볼 점은 신념과 가치관과의 일치(22명 기준 13명, 59.0% (1위))가 회사 경험이 없는 Z에게 중요해 보였다.

"자신의 신념이나 가치관이 일치하는 일이라면 재미는 그대로 따라온다는 생각이 커. 내가 그려왔던 그 일들을 내 손으로 하게 되는 것만큼 흥분되는 일이 있을까?"

"일할 때 내가 주도적으로 참여하기 위해서는 회사의 방향성과 같아야 그럴 수 있기 때문에."

"앞으로 내가 무언가 하고 싶은 게 생기면 금전적인 보상은 더 이상 크게 중요하지 않을 것 같아!"

"오래 일한다면 신념 가치관이 중요한 것 같아. 이점이 맞지 않으면 오래는 다닐 수 없는 것 같아."

5. 워라밸 (33명)

워라밸은 전체의 5위를 차지했다. 재미와 마찬가지로, 회사 경험이 있는 Z에게 그 전과 비교해서 중요한 가치로 여겨졌다(회사 경험 있는 79명 기준 14명(6위), 17.7% 〉 26명, 32.9%(5위)). 아무리 가치관이 잘 맞고 재미가 있어도, 회사 외의 일상 가지지 못한다는 것이 힘들었다고 답했으며, 취미, 휴식, 자기만의 시간이 있어야 업무의 효율이 올라간다고 여기기도 했다. 조직의 의사결정 구조에 대한 이야기도 있었다. 의견이 반영되지 않거나, 변하지 않을 것 같은 느낌이 들 때 회사가 자신의 기대를 채워주지 못할 것 같다는 생각이 들 때, 업무 이외의 시간을 보장해 주는 워라밸을 중요하게 여겼다.

"처음엔 돈만 생각했는데, 이게 워라밸이 진짜 중요하더라. 일을 해보니까 쉬는 시간이 충분히 주어지지 못하면 안 되겠더라고. 더군다나 나는 주말 없이 월화수목금토일 매일매일을 근무해야 하거든."

"회사를 재밌게 다니면서도 그만두고 싶었던 이유가 회사 외의 일상을 갖기가 힘들었기 때문이었던 것 같아."

"회사가 날 힘들게 하는 것 중 하나는 내가 진심을 다해 회사가 바뀌어야 하는 점을 말해도 씨알도 안 먹히거든. 변화를 유연하게 받아들이는 회사는 드물 거라고 생각해. 회사 안에서 내 목소리가 받아들여지는 것만큼 뿌듯한 게 없겠지만, 그럴 가능성은 매우 희박하다는 걸 깨닫고 포기했지! 그래서 난 워라밸을 (중요한 선택 기준으로) 골랐어!"

"자기만의 시간이 있어야 삶이 활력이 생기고 업무의 능률이 올라간다고 생각해."

6. 조직문화 (30명)

조직 문화 역시 회사를 경험한 Z에게, 회사 경험 이전에 선택 기준을 물어보았을 때와 비교하였을 때 큰 폭의 변화를 보였다. (회사 경험 있는 79명 기준 12명, 15.2% (7위) 〉 25명, 31.6%(5위)) 그 이유 중 하나는 효율적이고 체계적인 배움이었다. 체계적인 조직 구조가 일을 잘 배우는 데 도움을 준다는 인식이 깔려있었다. 또 다른 이유는 만족스러운 근속을 위해서였다. 조직문화는 원활하게 동료, 상사와 커뮤니케이션을 하도록 만들고, 이를 통해 편안한 사내 관계와 일의 효율성을 높이는 문화적 장치였다. 조직문화가 만족스러울 때 Z세대가 근무에 재미, 열의, 자발성이 보인다는 것에서, 조직문화가 근무 의욕 측면에서도 중요한 요소임을 알 수 있었다.

"조직체계가 잘 잡혀있고 그래야 처음 들어갔을 때 일을 잘 배울 수 있다고 생각했어."

"난 두루두루 잘 지낼 때 일의 능률도 높아진다고 생각해. 소통이 잘 되잖아! 같이 일하는 사람과 연결이 잘 되는 조직문화가 아니면 이해가 어려울 거 같아. 난 효율적인 게 중요하다고 생각하거든!"

"조직에서의 문화가 그 일을 얼마나 재밌게 할 수 있는지 정해주는 것 같아. 마음 맞는 친구들과 이야기하는 것과 가치관이 서로 다른 두 친구가 대화를 나누는 그림을 생각해 보면 이해가 쉬울 것 같아."

TIP. Z세대가 원하는 인턴십

인턴십을 하는 Z세대는 기존의 채용과는 다른 동기를 가지고 회사에 들어가는 듯했다. 그래서 이들이 어떤 마음으로 들어오는지를 4가지로 정리해 보았다.

이를 토대로 기존 조직 구성원들이 들어오는 Z세대 인턴들과 어떻게 관계 맺어야 하는지, 무엇을 채워줄 수 있을지 팁이 될 수 있기를 바란다.

혹시 아는가! 비록 거쳐 가는 듯한 인턴 기간이지만, 이런 니즈를 채워주려는 구성원의 노력을 보고 함께 항해하는 동료가 될지, 혹은 조직 외적으로 긍정적인 영향을 주고받는 파트너가 될지.

1) 단기간 여러 가지 일을 배울 수 있는 곳
2) 나중의 커리어를 위한 일 경험을 쌓을 수 있는 곳
3) 내가 무엇을 좋아하고 잘하는지를 찾을 수 있는 곳
4) 내가 정한 진로가 맞는지 검토할 수 있는 곳

"조직문화가 좋은 회사에서 일하다 보니 조직문화의 중요성을 느껴! 조직문화가 좋다는 건 출근하는 게 싫지 않은 것!"

"아무래도 취업준비를 하다 보면 자소서에 들어갈 한 줄의 의미가 크잖아? 자회사이긴 하지만 대기업이라서 인턴에 지원했고 최근 붙어서 오늘이 2일 차야. 게다가 체계적으로 업무를 배울 수 있으니까 좋은 경험이 될 것 같다고 생각해."

"내가 다닌 두 회사는 모두 인턴으로 단기간 일을 배울 수 있는 곳이었거든. 당장의 사정상 어차피 그 회사에 정식적으로 재직하는 게 아니다 보니까 그냥 짧은 시간 나에게 여러 방면으로 도움이 될 만한 선택을 해 온 것 같아."

"인턴을 하려 했던 목적이 내 전공과 관련된 일을 직접 경험해 보고 싶어서였어. 그래서 전공과 관련된 직무를 위주로 찾았고."

suggestion

세대를 아우르고 미래로 나아가는 조직문화

반영되는 : 모두의 의견이 존중되는 조직

Z세대는 반영되기를 원한다. 좁게는 자신의 의견부터, 나아가서는 자신의 성향, 취향, 경험, 강점 등 자신의 존재가 의사결정에 반영되기를 원한다. Z세대가 의사결정에서 기여하는 정도와 이들이 느끼는 성취감과 소속감은 비례한다고 볼 수 있다. 자신이 조직의 일부를 만들었다는 기여 속에 실질적인 성취와 배움을 얻는다고 생각하기 때문이다. 의견이 반영된다는 것은 단순히 의사결정 과정에 참여한다는 것이 아니라 내가 한 구성원으로서 존중받고, 중요하게 여겨지며, 이곳에 함께 존재한다는 것을 의미한다. 회사를 함께 만들어 간다는 느낌을 받는 것이다.

이런 이유로 의견이 거절될 때, 납득할 수 있는 이유를 알기 원한다. 합리적인 이유가 있다면 자신의 존재가 거절된 것이 아니라 의견이 적절하지 않았다는 것으로 구분 지어서 수긍하고, 다음에 의견을 낼 때 반영하길 원한다. 합리적인 이유가 주어지지 않은 채 거절된다면

Z세대는 이유도 모른 채 거절당한 느낌만 받을 것이다.

사실 Z세대 의견 반영 여부는 Z세대뿐만 아니라 조직 전체에도 영향을 미친다. 조직에서 가장 신참인 이들의 의견이 반영되는 구조라는 것은 결국 모두의 의견이 반영된다는 것을 의미하기 때문이다. 책 ≪반영조직≫에 따르면, 반영조직은 의사 결정 과정에서 구성원들의 의지가 항상 반영되기 때문에, 조직 구성원의 자유와 의지가 실현되고, 구성원들의 성취와 조직의 성취가 같아질 수 있게 된다고 주장하였다. 또 반영조직은 반영되는 구조를 통해 구성원들의 창의성을 자극할 수 있다고 하였다. 즉 창의적이기 때문에 반영되는 것이 아닌, 창의적이든 창의적이지 않든 상관없이 반영될 수 있는 구조일 때, 구성원들이 창의적인 아이디어를 낼 수 있다는 것이다.

그렇다고 당장 Z세대가 제시한 의견을 무조건 모든 의사 결정에 반영해야 한다는 뜻이 아니다. 대부분의 조직의 경우, 기존의 의사 결정 구조를 단숨에 바꾸기는 쉽지 않기 때문이다. Z세대도 마치 떼를 쓰는 아이를 받아주는 모양새가 되는 것은 원하지 않는다. 그래서 먼저 조직 내에서 어떤 의견을 말해도 무시당하거나 질책당하거나 징계받지 않는다는 '심리적 안정감'을 조성하려는 노력이 필요하다. 책 〈두려움 없는 조직〉에서는 심리적 안정감을 '인간관계의 위험으로부터 근무 환경이 안전하다고 믿는 마음'이라고 표현하였다.

구성원이 서로 신뢰하고 존중하며 자기 생각을 나누기 시작할 때 이런 심리적 안정감이 만들어지기 시작한다. 먼저 의견을 자유롭게 나눌 수 있는 토대와 환경을 만들어 보자. 그리고 적극적으로 의견을 내도록 유도해 보자. 경청하고 있다는 메시지를 보내주자. 그들이 용기 내어 의견을 내었을 때, 생산적으로 반응해 보자. 비록 터무니 없는 것 같아도, 같은 회사 구성원으로서 그 의견을 낸 시도 자체를 존중한다는 것을 보여주자. 그 의견을 말하기 위해 낸 용기나, 말하게 된 이유 등 그 뒤에 맥락과 의도를 인정해 주자. 설령 당장은 반영되지 않더라도 사람들이 그 동기와 시도를 인정해 줄 때, Z세대를 시작으로 점점 더 많은 구성원이 심리적 안정감을 느끼고, 조직에 활기와 창의성을 보여주기 시작할 것이다.

"우리에게는 심리적 안정감을 하루아침에 만들 신비의 요술봉이 없다. 다만 목표를 분명하게 세우고 한 걸음 한 걸음 천천히 나아갈 뿐이다."   *≪두려움 없는 조직≫*

함께 가는 : 취약성을 공유하는 안전한 조직

Z세대는 회사 사람들과 깊은 연결을 원한다. 누구보다 인정받고 싶고 사랑받고 싶은 마음을 안고 회사로 들어온 사회초년생이다. 완벽을 추구하는 모습 뒤에는 실패하면 안 된다는 두려움이 숨겨져 있다. 회사에 들어오기까지 수많은 시험과 난관을 헤치고 들어와서 지친 만큼, 누군가 애정이 어린 시선으로 맞아주길 원한다. 서로 공감하고 격려하며 함께 성장하는 그런 회사의 끈끈한 연결과 지지를 누리길 원한다. 그래서인지 Z세대는 주기적으로 대화하는 문화, 서로 격려하는 문화를 가진 회사를 선호했다. 서로 관계가 좋아야 일할 의욕이 난다고 표현하기도 했다.

뉴욕 타임즈 베스트셀러 작가 대니얼 코일은 〈최고의 팀은 무엇이 다른가〉를 통해 픽사, 구글 등 뛰어난 성과를 내는 집단에 속한 사람들에게 서로의 관계를 '친구'나 '조직', '집단' 혹은 이와 비슷한 단어가 아니라 '가족'으로 묘사한다고 하였다. 이들 사이에서 일어나는 구성원 간의 집단 소통 방식 '케미'를 주목하였다. 좋은 케미를 지닌 집단은 기묘하고도 강력하고, 흥분되면서도 몹시 편안한 기분이 어우러져 다른 집단과 차별화되는 특별함이 신비롭게 반짝인다고 표현했다. 그 케미는 거창한 부분에서 드러나기보다 자주 시선을 마주치거나, 타인의 말을 끊지 않고 경청하거나, 유머를 주고받거나, 모든 구성원이 함께 화기애애한 대화를 나누는 등, 작은 교류가 일어나는 순간순간에 나타났다고 하였다. 이런 구성원 간의 안전한 교류는

1) 각 구성원이 서로 소통에 집중하리라는 것 2) 개개인을 특별하고 가치 있게 대하고 있다는 것 3) 관계를 지속할 것이라는 메시지를 가진 '소속 신호'를 느낄 때부터 시작한다고 설명하였다. Z세대도 이런 소속 신호를 느끼고 싶어 한다. 안전함을 원하는 것은 Z세대뿐만 아니라 기존의 구성원들도 마찬가지일 것이다. 다만 먼저 다가가기 두려울 뿐이다. 낯선 곳에 이주한 이방인 같은 Z세대가, 기존의 조직 문화도 모른 채 오자마자 먼저 다가가려 하지는 않을 것이다.

그렇다면 기존 구성원이 먼저 다가가서 이런 소속 신호를 그들에게 보내보면 어떨까? 아직 이런 안전한 느낌을 조직에서 받아본 적이 없다면, 직접 안전함을 만드는 실험을 겸해서 말이다. 조직에 발을 들인 Z세대에게 먼저 관심을 가지자. 이들의 일상을 물어보고, 업무를 물어보고, TMI를 경청해 주자. 회식 등 공식적인 자리 말고, 사적으로 말이다. 현재 일어나는 소통에 집중해 보는 것이다. Z세대가 업무에서 실수했을 때, 괜찮다고 안아주자. 잘했을 땐, 마음껏 칭찬하고 감사를 표현해 보자. 먼저 그들의 입장에 서서 그들이 느꼈을 감정은 어떤지 공감해 보자. 그들이 특별하고 가치 있는 존재라는 메시지를 전하는 것이다. 그들이 위축되어 있을 때, 스스로 보지 못하고 있는 가능성을 읽어주고, 그 가능성에 신뢰를 쏟아주자. 미래에 동료가 될 그들의 성장에 진심으로 관심을 가져보자. 앞으로도 함께할 것이라는 메시지를 던져주는 것이다.

이와 함께 먼저 '취약성'을 드러내 보는 것도 효과적일 것이다. 메건 댈러커미나, 미셸 매쿼이드의 ≪공감이 이끄는 조직≫에서는 취약성을 드러내는 것은 항상 전문가가 되어야 할 필요 없이 언제든 질문할 수 있다는 것과 어려움을 겪을 때 홀로 해결하려고 노력하는 대신 도움을 청할 수 있다는 것 그리고 문제가 발생했을 때 피드백을 요청하고, 책임감을 가지고 배울 의향이 있다는 것을 의미한다고 주장하였다. Z세대에게 취약성을 공유함으로써 혼자서는 이 일을 해낼 수 없으며, 그들을 도움을 줄 수 있는 존재로 여긴다는 신뢰의 메시지를 전할 수 있게 되는 것이다. ≪최고의 팀은 무엇이 다른가≫의 '취약성 고리 이론'을 통해서도, 먼저 취약성을 공유할 때 상대도 취약성을 공유하기 시작하고, 상호 공유를 통해 서로를 향한 신뢰가 높아진다는 것을 확인할 수 있다.

당신이 만약 용기 내어 다가간다면, Z세대를 넘어 자신의 성과와 만족도에 큰 변화를 이끌 한 발자국을 내딛는 것이라 말하고 싶다. 처음 회사에 들어왔을 때 모든 것이 어려우면서도, 잘하고 싶어 했던 과거의 자신을 돕는다고 생각하면서 먼저 소속신호를 보내고 취약성을 드러내 보자. 곧 Z세대는 그 배려에 감동을 받고, 신뢰를 쏟아내며, 적극적으로 따를 것이다. 신뢰가 쌓이는 만큼 점점 구성원과 조직을 위해 자신의 역량을 발휘할 것이다.

"우리 모두는 한 식구나 다름 없어요. 위험 부담을 더 많이 지고, 서로에게 허락을 구하고, 다른 집단에서는 결코 용인되지 않는 취약한 순간을 공유하기 때문이죠."

≪최고의 팀은 무엇이 다른가≫

통합적인 : 나와 조직의 목표가 일치하는 조직

Z세대는 개인의 가치와 회사의 지향이 맞닿아있길 바란다. 자신이 만들어내는 일이 어떠한 결과를 만들어 내는지에 관심이 많다. Z세대가 가진 치열한 생존 감각을 뛰어넘어 지향점이 맞닿은 조직을 선택하기도 했다. 다수의 Z세대에게 사회적으로 의미 있는 일을 하고 싶어 대한 열망이 있었다. 또한, 조직의 가치 지향과 그 과정에서의 일치 또한 아주 민감하게 느낀다. 만일 본인이 자본의 논리로의 효율이 아닌 인격적이고 가치 중심적인 일을 선택했는데, 그 과정에서 나는 여전히 자본의 논리로 살아야 한다면, 그 조직에 더 남아 있을 이유가 없어진다. Z세대는 일의 결과뿐 아니라 과정에서까지 가치를 실현하길 원하는 기준이 높다. 그것이 아니라면 차라리 제대로 된 효율을 배울 수 있는 조직이 더 낫다는 편이라고 답했다.

그렇다면 개인의 가치와 회사의 지향의 일치란 어떻게 일어나는 걸까. 그러한 통합이란 무엇이고, 어떻게 만들 수 있는 걸까. ≪조직의 재창조≫의 프레데릭 라루는 이렇게 답한다. 현대 사회에서 우리는 진정한 본성과 분리되어 공허감을 예민하게 느낀다. 머리만 따르고 몸은 돌보지 않는 문화에 젖어있었음을 깨닫기 시작한다. 그렇게 함께하는 삶의 공동체성, 자연과의 연결감을 잃어버렸음을 깨닫는다. 자신, 주변 사람들, 모든 생명체, 자연과 연결되어 있고, 하나라는 것을 깊이 자각하는 것 자체가 통합적 관점의 동력이다.

이러한 통합적 관점을 어떻게 조직 내에서 실현할 수 있을까. 프레데릭 라루는 통합적인 조직으로 가는 세 가지 방법을 제안한다.

첫째, 위계적이고 관료적인 시스템이 아닌 권위와 집단지성의 유동적인 시스템으로 업그레이드 해야 한다. 둘째, 어떤 결정이든 조언을 구한 뒤에 결정하라. 먼저는 주제에 대해 전문지식이 있는 사람들에게, 다음엔 그 결정과 관련하여 영향받을 사람들에게 조언을 구하라. 셋째, 보상과 실적 관리다.

통합적 조직에서는 누군가 일에 대한 동기부여를 받지 못한다면 무언가 조직 내에 문제가 있는 것이다. 그러니 그의 내적동기를 방해하는 것을 함께 찾고자 시도한다. 모두 동기부여를 받았다면 각자 건강한 일의 경계를 세우고 '너무 많이' 일하지 않도록 서로 독려한다. 다른 힘이 개입할 때보다 우리 안에서 나오는 일을 향한 동력을 막아서는 것이 없을 때 훨씬 더 저절로 일을 하고 싶은 동력이 생긴다.

통합적인 방식을 지향하는 일터는 결국 구성원 모두를 성장시킨다. 모두를 똑같이 대하는 게 아니라 모두가 온전히 자신의 능력을 발휘할 수 있도록 돕는다. 모두가 자신이 타고난 힘과 재능을 가장 건강한 모습으로 꽃 피우도록 성장할 수 있는 환경을 조성하는 것이다. 통합적인 일터는 사회초년생 Z세대뿐만 아니라 중간관리자부터 리더까지 모두에게 보다 나은 삶과 일로 우리를 초대한다. 우리 모두는 삶의 일부로부터 떨어지거나 잃어버리지 않고 함께 진정한, 풍성한 삶과 일터로 우리를 담아준다. 물론, 이 모든 것은 쉽게 얻어지지 않는다. 통합으로의 사고는 지금껏 우리가 믿어왔던 능력주의적이고 자본주의적인 사고로부터 저항한다. 조직이 옹호하는 가치와 현실 사이에서 자주 불일치가 일어나고, 조직 내 실망과 혼란을 야기할 수 있다. 그러나 계속해서 조직 내 개개인을 괴롭히던 무의미함과 공허함을 넘지 않으면, 무언가 잃어버려 간다는 감각을 그대로 방치한다면 앞으로 조직은 '다음'을 그리는 힘을 잃어갈 것이다. 일터가 통합적인 방식을 지향하는 것은 앞으로 올 사회에 대한 대단히 현실적인 방안일 것이다.

"나는 기계와 건축물들을 외부에서 객관적으로 설계하는 방식으로 조직을 설계하고 형성해야 한다고 더는 생각하지 않는다. 궁극적으로, 이는 여러분의 조직의 살아 있는 시스템으로부터, 당신 내면에서 오는 것이다. 종종 혼란스럽지만, 가능성은 충분하다. 새로운 길을 내는 것은 우리에게 달려 있다. "우리는 우리가 기다리고 있는 그 사람이다." ≪조직의 재창조≫

반영되는 : 모두의 의견이 존중되는 조직

☐ 솔직한 의견이나 새로운 아이디어를 꺼내기 쉽다.

☐ 문제점이나 개선방안에 대해 자유롭게 이야기 나눈다.

☐ 나와 다른 의견일지라도 쉽게 받아들여진다.

☐ 회의나 업무 진행 과정 중에 의문이 생길 때, 자유롭게 의사소통한다.

함께 가는 : 좋은 케미를 가진 안전한 조직

☐ 함께 일할 때 나의 강점과 능력이 인정받고 업무에 반영된다.

☐ 업무에서 실수했을 때, 용납되고 이해받을 수 있다.

☐ 자신의 취약성을 동료들에게 나눌 수 있다.

☐ 동료에게 수월하게 도움을 요청할 수 있다.

통합적인 : 우리의 꿈, 공동의 목표를 향해 나아가는 조직

☐ 나는 조직의 비전과 방향성을 명확히 인지하고 있다.

☐ 조직의 비전과 방향성에 대해 구성원과 주기적으로 논의하고 있다.

☐ 조직과 구성원들이 같은 비전과 방향성을 공유하고 있다.

☐ 나와 내 동료들은 진정성 있는 태도로 업무에 임하고 있다.

Outro: A word we need to hear from Gen Z

Outro : 우리가 Z에게 들어야 할 한 마디

Z, 조직이라는 세계의 이방인

우리는 이 Z세대 탐구 보고서의 컨셉을 '외계인(Alien)'으로 잡았다. Z세대가 외계인처럼 별나다는 뜻이 아니라, 조직에 있던 기존 구성원이 느끼기엔 Z세대라는 신입 사원은 외계인처럼 낯선 존재, 어디서부터 어떻게 소통해야 할지 어려운 존재라는 이미지를 표현하고자 했다. 이 연구를 함께 진행한 Z세대 동료는 기존 구성원으로서 내가 느끼는 Z세대의 이미지를 공감하는 한편 "외계인처럼 느껴질 수도 있지만, 다른 곳과 문화에서 온 외국인이라는 관점으로도 볼 수 있지 않을까요?"라고 말했다. '외계인'이라고만 표현하기에는 모든 것을 설명할 수 없는 느낌이었는데, '다른 곳에서 온 이방인'이라고 생각하니 기존 구성원이 Z세대에게 느끼는 낯섦과 동시에 Z세대가 조직이라는 낯선 곳에서 느끼는 어려움도 함께 전달할 수 있겠구나 싶었다.

조직은 오랜 시간을 지나오며 유지, 운영되기 위한 규칙, 관습, 상식과 언어를 탄탄하게 구축했고, 우리는 그것을 '조직문화'라고 부른다. Z세대는 그들만의 시간을 뚫고, 지금 여기 사회로 조직으로 도착하고 있다. 그들이 자라온 환경에 의해 생긴 그들만의 고유한 언어와 감각을 가진 채로. 사회초년생인 이들에게 조직이라는 곳은 처음 도착한 미지의 세계다. 이 세계에서 쓰이는 언어를 새로이 배우고, 문화를 익히고, 적응해야 하는 이방인인 것이다.

한 사람이 온다는 건

Z세대는 그 어떤 세대도 경험하지 못한 경쟁적 환경, 고도로 발달한 디지털 환경 속에서 '살아남기 위해 어떻게 더 빠르게 탁월해질 수 있는가'에 대한 감각에 날을 세우고 있다. 즉 '자기 자신을 빠르게 성장시킬 수 있는 탁월함'을 갖고 있는 동시에 '생존해야 하는 환경 속에서 믿을 수 있는 존재는 자기 자신뿐'이라는 극도의 긴장감과 경계심'도 쥐고 있다는 뜻이다.

"사람이 온다는 건 실은 어마어마한 일이다. 한 사람의 일생이 오기 때문이다" 대형서점의 간판에 걸려있던, 누구나 알만한 시 〈방문객〉의 한 문장이다. 다음 문장은 이렇게 이어진다. "부서지기 쉬운, 그래서 부서지기도 했을 마음이 오는 것이다"라고. Z세대가 조직에 들어올 때는 그들이 갖고 있는 무한한 가능성과 미래가 오는 것과 동시에 이 조직이 정말 내가 몸과 삶을 맡겨도 괜찮은지에 대한 경계심과 불안함도 함께 오는 것이다.

점점 더 어려워져만 가는 경제 속에 꺼질 듯 꺼지지 않는 촛불처럼 저마다의 조직들은 생존하기 위해 애쓰고 있다. 그렇기에 대다수의 조직은 업무적 성과와 실질적 기여를 내기까지 시간과 에너지를 투자해야 하는 신입 직원을 뽑지 않거나, 경력직 직원을 충원하는 선택을 하는 양상을 보인다. 그럼에도 불구하고 신입 직원을 조직에 들이는 결정을 한다는 것은 각 사람이 가진 성장 가능성에 대한 믿음과, 함께 조직의 미래를 책임지는 동료가 될 수 있다는 기대를 가졌기 때문일 것이다. 나는 조직에 한 사람이 온다는 것이 일생이 오는 것처럼 어마어마한 일이라는 것을 조직의 중간관리자인 팀장 역할이 된 요즘에야 비로소 이해하게 되었다. 이제는 내 몸의 일부처럼 당연하게 붙어있는 조직의 문화와 비언어적인 규칙과 학생이 아닌 직장인으로서 갖추어야 할 태도를 이제 막 새로운 세계에 진입한 Z세대 사회초년생 동료들에게 가르쳐주는 것은 생각보다 더 어마어마한 에너지를 필요로 했다. 모르는 것을 가르쳐 주는 것 자체가 어렵다기보다는, 모르고 있는 것을 모르고 있다는 사실과 모르고 있는 것을 알아야 할 필요성을 함께 알려주어야 할 때 많은 힘을 들여야 했다. 가장 어려웠던 것은 그들이 성장 속에서 갖게 된 사회에 대한 불신, 부당한 경험들로 인한 상처, 그로 인한 경계심과 불안함이 벽돌이 되어 생긴 내면의 단단하고 완고한 벽을 마주할 때였다. '이들이 정말 나의 동료가 될 수 있을까?'하며 좌절하기도 하고, 현장의 치열함이 차오를 땐 답답한 마음에 화가 나기도 하고, 진심이 오해되어 부메랑처럼 돌아올 땐 상처를 받기도 했다.

우리는 모두 이방인이었다

그러나 이방인이었던 건 우리 또한 마찬가지이다. 우리 역시 아무것도 몰랐던 지금의 Z세대와 같은 사회초년생 시절을 보냈었다. 기대와 두려움을 가지고 사회라는 새로운 땅에 발을 들였다. 맡겨진 업무를 잘 수행하고 싶은 마음이 불안으로 다가오기도 했다. 무엇을 모르는지도 모르는 채 저질렀던 실수에 따라오는 아픈 피드백에 좌절과 무기력함을 느끼기도 했다. 이처럼 조직에서의 모든 시간과 대화가 아름답기만 했던 것은 결코 아니다.

　그렇지만 우리 또한 우리의 가능성을 믿고 우리를 받아들여 준 누군가가 있었다. 신입이 왔다는 사실만으로 환대를 해주던 누군가, 어려움은 없는지 먼저 다가와 준 누군가, 더 잘했으면 하는 마음으로 피드백을 준 누군가, 그리고 우리의 가능성을 먼저 믿고 일을 맡겨준 누군가. 이처럼 우리가 이방인일 때에도 믿음 속에서 여러 기회를 받았고, 실수 속에서도 배울 수 있는 보호를 받았다. 그 속에서 우리는 새로운 조직의 문화를 익혀갈 수 있었다. 그 모든 보이지 않는, 다 기억나지도 않는 손길들을 거쳐 우리 또한 오늘, 지금, 이 자리에 있다.

　Z세대는 우리 삶에 찾아온 이방인이자 한때 우리가 받았던 환대, 호의, 기회를 돌려주어야 한 대상이다. 우리는 우리에게 찾아온 이방인을 믿고 받아들여야 한다. 그들의 가능성을 믿으면서 말이다.

참고문헌

김용섭(2021). 결국 Z세대가 세상을 지배한다 (Z세대, 그들이 바꿀 미래의 단서들). 서울: 퍼블리온

김하준(2022). 보통 일베들의 시내. 경기: 오월의봄

대학내일20대연구소(2020). 밀레니얼-Z세대 트렌드 2021. 서울: 위즈덤하우스

대학내일20대연구소(2021). 밀레니얼-Z세대 트렌드 2022. 서울: 위즈덤하우스

대학내일20대연구소(2022). Z세대 트렌드 2023. 서울: 위즈덤하우스

홍정인 (역) (2021). 고립의 시대. 경기: 웅진 지식하우스

Noreena Hertz (2021). The The Lonely Century. London: Hodder & Stoughton

김정희원(2022). 공정 이후의 세계. 서울: 창비

이영래 (역) (2022). 세대 감각. 서울: 어크로스

Bobby Duffy (2021). Generations. London: Atlantic Books

김태희 (역) (2020). 소외와 가속. 서울: 앨피

Hartmut Rosa (2010). Alienation and Acceleration. New York: Columbia University Press

노정태 (역) (2019). 밀레니얼 선언. 서울: 생각정원

Malcolm Harris(2017). Kids These Days: Human Capital and the Making of Millennials. Boston: Little, Brown and Company

한국복음화협회, 캠퍼스청년연구소 (2022). 2022 청년트렌드리포트. 군산: 한국복음화협회

Deloitte Global(2022). The Deloitte Global 2022 Gen Z and Millennial Survey.

최윤영 (역) (2019). 두려움 없는 조직. 서울: 다산북스

AC Edmondson (2018). The Fearless Organization. New Jersey: Wiley

문수혜 (역) (2020). 공감이 이끄는 조직. 서울: 다산북스

Megan Dalla-Camina & Michelle McQuaid (2016). Lead Like A Woman.

박래효 (역) (2016). 조직의 재창조. 서울: 생각사랑

Frederic Laloux, Ken Wilber (2014). Reinventing Organizations.
Massachusetts: Parker Nelson Publishing

구기욱 (2016). 반영조직. 쿠퍼북스

박지훈 (역) (2018). 최고의 팀은 무엇이 다른가. 경기: 웅진 지식하우스

Daniel Coyle (2018). The Culture Code. New York: Bantam

오해섭, 문호영 (2020). Z세대 10대 청소년의 가치관 변화 연구. 세종: 한국청소
년정책연구원

한국청소년정책연구원(2020). 제 35차 청소년 포럼 Z세대 청소년의 가치관 변
화와 정책적 대응 방안. 세종: 한국청소년정책연구원

Z세대, 우리에게 도착하다

Z세대 탐구보고서: Z세대와 조직문화
(The arrival of Gen Z)

연구 책임자 정연승
공동 연구원 신현상, 유원상, 정환, 홍주은, 안지혜, 김영재, 김윤수

제작 진저티프로젝트
에디터 홍주은, 안지혜, 김영재, 김윤수
디자이너 최예은

홈페이지 gingertproject.co.kr
인스타그램 @gingertproject
이메일 admin@gingerproject.co.kr

발행처 (주) 샘앤북스 · 맑은나루
발행인 이낙규
등록번호 신고 제 2013-000086 호
주소 서울특별시 영등포구 양평로22길 21, 선유도코오롱디지털타워 310호
T. 02-323-6763. **Fax.** 02-323-6764

발행일 2024년 3월 20일
ISBN 979-11-5626-477-4 03320